„Im Stil von..."

100**KLASSISCHE**JAZZ
LICKSFÜR**GITARRE**

100 Licks für Jazzgitarre im Stil der besten Gitarristen der Welt

VON**JOSEPH**ALEXADER**&**PETE**SKLASROFF**

FUNDAMENTAL**CHANGES**

100 Klassische Jazz Licks für Gitarre

100 Licks für Jazzgitarre im Stil der besten Gitarristen der Welt

Veröffentlicht von **www.fundamental-changes.com**

Copyright © 2019 Joseph Alexander

ISBN: 978-1-78933-098-4

Herausgegeben von Tim Pettingale

www.fundamental-changes.com

Twitter: **@guitar_joseph**

Über 10.000 Fans auf Facebook: **FundamentalChangesInGuitar**

Instagram: **FundamentalChanges**

Über 350 kostenlose Gitarrenstunden mit Videos findest du auf

www.fundamental-changes.com

Inhaltsverzeichnis

Einführung

„Im Stil von....?" Was bedeutet das?

Um dieses Buch zu schreiben, haben wir uns in die Musik der einzelnen Künstler vertieft und Stunden damit verbracht, Hunderte von Tracks zu hören. Während diese hundert Licks nicht direkt von den Platten transkribiert wurden, sind sie so stilsicher, wie wir sie machen konnten.

Jeder der fünf Licks von jedem Künstler ist so konzipiert, dass er seine Herangehensweise an das Solo in ein paar Takten verkörpert. Zum Beispiel sollte ein Wes Montgomery-Lick in diesem Buch dazu führen, dass du sagst: „Ahhhh! Das ist Wes, alles klar!"

Natürlich ist es unmöglich, den Stil eines Spielers in nur fünf Phrasen zusammenzufassen – die hier vorgestellten Musiker sind alle talentierte, komplexe Individuen mit reichem musikalischem Vokabular; ein ganzes Buch könnte jedem einzelnen gewidmet sein (vielleicht werden wir das eines Tages tun)!

Vielmehr sind die Phrasen hier als Ausgangspunkt für deine Erkundung der einzelnen Gitarristen und ihrer Musik gedacht. Wenn du alle Beispiele in diesem Buch durcharbeitest und die Licks so übst, dass du sie in dein Spiel aufnimmst, baust du ein umfassendes Jazz-Vokabular auf und bist auf dem besten Weg, deinen eigenen Stil zu entwickeln.

Du hast dieses Buch vielleicht gekauft, um schnell Jazzgitarren-Soli zu spielen. Wir sind zuversichtlich, dass es dir dabei helfen wird, insbesondere bei den stilistischen Aspekten jedes einzelnen Spielers. Die meisten Jazz-Vokabeln basieren auf Arpeggio, aber die Art und Weise, wie jeder Gitarrist Phrasen persönlich und einzigartig für sich umsetzt, ist wahrscheinlich die größte Einsicht, die dieses Buch dir geben kann.

Wir alle erweitern unseren Wortschatz, indem wir Sätze von anderen Menschen kopieren – so funktioniert Sprache. Die beste Vorgehensweise, um dein Können weiterzuführen, ist also, die Soli deiner Lieblingskünstler zu transkribieren. Schalte das Handy aus, schließe Facebook und setzen dich einfach an deine Gitarre, um herauszufinden, welche Licks du magst. Wähle die Melodie aus, die dir ins Auge sticht und meistere sie, Note für Note. Auf diese Weise erweiterst du dein Vokabular in dem Stil, der dir gefällt, und vor allem klingst du wie *du*.

Lade bitte auch das Audiomaterial für das Buch herunter. Musik vom Papier zu lesen ist eine Sache, aber man muss wirklich jeden Lick hören, um ein Gefühl dafür zu bekommen, wie er gespielt wird. Beim Jazz dreht sich alles um das Gefühl. Während die Notation dir die Noten zeigt, gibt dir das Audiomaterial die wichtige Phrasierung und Nuance. Anweisungen, wie du das Audio kostenlos erhältst, findest du auf der nächsten Seite.

Vor allem aber viel Spaß beim Erkunden der Musik dieser unglaublichen Jazzgitarristen. Wende alles musikalisch an und konzentriere dich darauf, zu lernen, was du gerne hörst.

Wir hatten eine Menge Spaß daran, dieses Buch zusammenzustellen. Wir hoffen, dass es genauso viel Spaß macht, aus ihm zu lernen und es dir einen einzigartigen Einblick in die Musik der Gitarristen gibt, die du magst.

Viel Glück!

Joseph und Pete

Wie man dieses Buch benutzt

Unser Ratschlag ist, dir deinen Lieblingsgitarristen auszusuchen und direkt in seine Licks einzutauchen. Achte auf die Akkorde, über die jeder Lick gespielt wird, da sie einen enormen Einfluss auf das Gefühl der Melodie haben. Sobald du den grundlegenden Lick verstehst, spiele ihn über den zugehörigen Backing-Track, um zu hören, wie er klingt, und konzentriere dich auf das Gefühl. Spiele ihn bei Bedarf mit 1/4 Geschwindigkeit, bis du dich wohlfühlst, und spiele den Lick dann allmählich mit Hilfe eines Metronoms in der richtigen Geschwindigkeit.

Sobald du dich sicher fühlst, experimentiere und spiele die Melodie auf verschiedene Weise. Phrasierung ist alles, also beginne den Lick an verschiedenen Stellen zu spielen. Wie wäre es mit Sliden, oder Hammer-Ons / Pull-Offs statt Picking? Ziele darauf ab, jeden Lick zu deinem eigenen zu machen.

Verwende jeden Lick als Grundlage für deine eigenen Soli. Lerne, den Lick zu entwickeln, indem du Noten änderst, platzierst, formulierst, erweiterst, kontrahierst.... es gibt Hunderte von Möglichkeiten, eine musikalische Phrase zu ändern, also vertraue deinen Ohren und habe Spaß; es ist unmöglich, einen Fehler zu machen! Von jedem Lick kann man etwas lernen, auch wenn man nur einen kleinen Teil davon nimmt und ihn mit einer anderen Geschwindigkeit spielt, oder einfach nur die allgemeine Stimmung einfängt. Behandle jeden Lick als Startpunkt und nicht als Ziel. Erkunde und sieh, wohin sie dich bringen.

Josephs Buch, Blues-Gitarre: Melodische Phrasierung, geht sehr ausführlich auf all diese Konzepte und noch viel mehr ein. Es lehrt dich, wie du eine persönliche musikalische Sprache mit Seele und großartiger Phrasierung entwickeln kannst. Du erfährst alles über die Platzierung und Verschiebung und wir empfehlen es als idealen Begleiter zu diesem Buch.

Einige der Licks in diesem Buch, von schnelleren Spielern wie Pat Metheny und Mike Stern, sind technisch anspruchsvoll, da sie schnell gespielt werden und viele schnelle Notenunterteilungen beinhalten. Wenn diese Licks im Moment zu schnell für dich sind, mach dir keine Sorgen, denn es ist ein langfristiges Ziel, sie in dem Tempo zu spielen.

Um den Jazz weiter zu studieren und mehr Ideen zu bekommen, wie man diese Licks anwenden kann, lies die folgenden Bücher von Fundamental Changes.

- Beyond Chord Melody mit Martin Taylor

- Chord Tone Soloing für Jazzgitarre

- Fundamental Changes in Jazzgitarre

- Moll ii V Meistern für Gitarre

- Stimmführung auf der Jazzgitarre

- Jazz Bebop Blues-Gitarre

- Jazz-Blues Soli für Gitarre

Hol dir das Audiomaterial

Die Audiodateien zu diesem Buch stehen unter www.fundamental-changes.com. zum kostenlosen Download zur Verfügung. Der Link „Audio herunterladen" befindet sich im Menü oben rechts. Klicke auf die Art des Buches, das du gekauft hast (Gitarre, Bass usw.). Dies führt dich zu einer Formularseite, auf der du den Titel deines Buches aus der Auswahlliste auswählst. Folge den Anweisungen, um das Audiomaterial zu erhalten.

Wir empfehlen dir, die Dateien direkt auf deinen Computer herunterzuladen, nicht auf dein Tablet, und sie dann zu extrahieren, bevor du sie zu deiner Medienbibliothek hinzufügst. Du kannst sie dann auf dein Tablet, deinen iPod legen oder auf CD brennen. Auf der Download-Seite gibt es ein Hilfe-PDF und wir bieten auch technischen Support über das Kontaktformular an.

Über 350 kostenlose Gitarrenstunden mit Videos findest du auf:

www.fundamental-changes.com

Twitter: @guitar_joseph

Über 10.000 Fans auf Facebook: FundamentalChangesInGuitar

Instagram: FundamentalChanges

Hole dir jetzt dein Audiomaterial kostenlos.

Verwende einen Computer und gehe zu

www.fundamental-changes.com/download-audio

Es macht das Buch lebendig und du wirst viel mehr lernen!

Wenn du ein Problem hast, melde dich bitte, bevor du eine negative Bewertung schreibst:

response@fundamental-changes.com

Die sehr wenigen negativen Bewertungen, die wir erhalten, liegen in der Regel auf audiobasierten / technischen Problemen, die wir schnell für dich lösen können!

1. Django Reinhardt

Jean „Django" Reinhardt wurde am 23. Januar 1910 in Belgien als Sohn einer Familie von Manouche (französischsprachige Sinti) geboren. Reinhardt verbrachte den größten Teil seiner Jugend in verschiedenen Roma-Camps in der Nähe von Paris und begann seine musikalische Karriere schon früh, zunächst als Geiger, später dann als Gitarrist und am Banjo. Es wird angenommen, dass sein Vater auch musikalisch war und innerhalb der Familiengruppe Klavier spielte.

Reinhardt lernte schnell Gitarre und kopierte viele der Musiker, mit denen er zu tun hatte, darunter auch seinen Onkel, der sowohl Gitarre als auch Violine spielte. Das war sein Talent, im Alter von 15 Jahren konnte er als Musiker seinen Lebensunterhalt bestreiten. Seine ersten Aufnahmen (mit Banjogitarre) entstanden 1928 mit drei Akkordeonisten und einem Sänger namens Maurice Chaumel. Reinhardts Ruf als fließend spielender und erfinderischer Gitarrist wuchs schnell, und er erregte bald die Aufmerksamkeit von Musikern außerhalb Frankreichs, darunter der britische Bandleader Jack Hylton, der ihm später einen Job anbot.

Reinhardts musikalische Pläne wurden tragisch unterbrochen, als ein Feuer den Wohnwagen verwüstete, in dem er mit seiner Frau lebte. Seine Verletzungen waren so schwer, dass Ärzte vorschlugen, eines seiner Beine zu amputieren (er lehnte den Eingriff ab) und er verlor die Kontrolle über zwei Finger seiner Greifhand, die gelähmt waren. Für viele wäre dies das Ende ihrer Musikkarriere gewesen, aber Reinhardt war entschlossen, seine Verletzungen zu überwinden. Er brachte sich das Spielen wieder bei, nur unter Verwendung von Zeige-, Mittelfinger und Daumen. Mit Hilfe eines neuen Instruments, das sein Bruder Joseph (ebenfalls Gitarrist) für ihn gekauft hatte, lernte er auch, seine gelähmten Finger für Akkorde einzusetzen.

Nachdem er sich von seiner Frau getrennt hatte, reiste er weit durch Frankreich und führte ein eher einfaches Dasein, indem er für wenig Geld in kleinen Lokalen spielte. Erst später, als er die amerikanische Jazzmusik entdeckte und den Geiger Stephane Grappelli traf, änderte sich sein Schicksal zum Besseren. Grappelli und Reinhardt begannen regelmäßig zu jammen und gründeten bald The Hot Club, der sich zu einem der innovativsten Jazzensembles der Vorkriegszeit in Europa entwickelte. Der Kriegsbeginn 1939 bedeutete das Ende der Hot Club-Gruppe und Reinhardt kehrte nach Paris zurück, während Grappelli in Großbritannien blieb. Die nationalsozialistische Verfolgung der Zigeuner und ihre allgemeine Abneigung gegen Jazzmusik stellte für Reinhardt eine gefährliche Bedrohung dar, aber er schaffte es, den Krieg zu überleben und komponierte und spielte weiter, wo und wann er konnte.

Nach dem Krieg traf sich Reinhardt wieder mit Grappelli und ging auch auf eine Tournee in den USA als Gast-Solist mit Duke Ellington, bevor er 1947 nach Frankreich zurückkehrte. In den folgenden Jahren wurde Reinhardt als Interpret leider immer unzuverlässiger und verpasste oft sogar seine eigenen ausverkauften Konzerte, falls er sich kurzfristig entschied, nicht aufzutreten. Trotz dieses unberechenbaren Verhaltens nahm er weiterhin auf und trat bis in die späten 1940er Jahre auf, einschließlich einer Aufnahmesession 1949 in Rom und einer kurzen Zeit an der Seite von Benny Goodman, der wollte, dass Reinhardt mit ihm in den USA arbeitete.

Reinhardts letzten Jahre verbrachte er hauptsächlich in Pariser Jazzclubs und lebte in Samois-sur-Seine bei Fontainebleau im Halbruhestand. Er begann mit einer E-Gitarre zu arbeiten und seine Musik nahm auch mehr von einem Bebop-Style an, der in seinen letzten Aufnahmen zu hören ist. Diese wurden kurz vor seinem Tod durch eine Hirnblutung im Jahr 1951 produziert. Er war erst 43 Jahre alt.

Seit Mitte der 1960er Jahre kehrt das Interesse an Reinhardts Musik zurück – eine Bewegung, die sich bis heute mit zahlreichen jährlichen Festivals und Tribute-Konzerten fortsetzt. Zu seinen Anhängern gehörten der klassische Gitarrist Julian Bream und der Country-Gitarrist Chet Atkins, der ihn als einen der zehn größten Gitarristen des 20. Jahrhunderts betrachtete.

Reinhardt verwendete in seiner Karriere fast ausschließlich Selmer Akustikgitarren und selten eine E-Gitarre. Selmer-Gitarren waren typische Gypsy-Jazzinstrumente mit einem ovalen Schallloch und meist einer mittleren bis hohen Saitenlage. Reinhardt spielte mit einem schweren Schildpatt-Plektrum.

Reinhardts Solostil basierte auf einer Kombination aus Arpeggios und chromatischen Annäherungsnoten. Diese wurden trotz seiner Fingerverletzungen mit großem technischem Geschick und rhythmischem Drive ausgeführt. Seine erstaunlichen technischen Fähigkeiten auf dem Instrument sind umso bemerkenswerter, da er körperlich eingeschränkt war.

Empfohlenes Audiomaterial

Django Reinhardt and the Hot Club Quintet

The Great Artistry of Django Reinhardt

At Club St Germain

Der erste Django Reinhardt-Lick ist eine typische Gypsy-Jazz-Akkord-Bewegung, bei der ein Akkord chromatisch nach oben oder unten verschoben wird, um zum nächsten gewünschten Akkord zu gelangen.

Beispiel 1a beginnt mit einem schnellen Slide von der vierten zur dritten Position in Takt eins, dann wird der Am6-Akkord jeweils einen Bund nach dem anderen den Hals hinaufbewegt, um auf dem Auftakt von Takt 4 im zweiten Takt zur neunten Position zu gelangen. Der Akkord ist zu Dm6 geworden und entspricht dem Wechsel zu d-Moll auf dem Backing-Track.

Stelle bei diesen schnellen Akkordbewegungen sicher, dass du die Stimmführung präzise und auf den Takt spielst. Achte auch darauf, dass der Zielakkord für die Harmonie der Komposition richtig ist! Du wirst feststellen, dass, wenn du die oberen drei Saiten in jedem Akkord mit deinem dritten Finger spielst, der Akkord bei Geschwindigkeit einfacher zu spielen ist.

Beispiel 1a

Wie die meisten Zigeuner-Jazz-Spieler verwendete Django viele Arpeggios in seinem Gitarrenspiel, was besonders nützlich ist, wenn er über schnelle Melodien Soli spielt. Das nächste Beispiel sieht auf dem Papier täuschend einfach aus, veranschaulicht aber zwei markante Django-Soloansätze. Die Melodie beginnt mit einem a-Moll-Arpeggio auf der 8. Position, gefolgt von einer absteigenden Folge von Quarten.

Beachte in Takt drei das Halbton-Bending im 7. Bund der B-Saite, das in Takt vier bis zur kleinen Terz des d-Moll-Akkords geht. Django verwendete in seinem Spiel nie große Intervall-Bendings. Es mag unpraktisch gewesen sein, dies zu tun, wegen der schweren, dicken Saiten, die er benutzte, aber kurze Bendings sind zu einem Markenzeichen des Gypsy Jazz Sounds geworden.

Beispiel 1b

Reinhardt nutzte wirkungsvoll melodische Motive, wie z.B. in Takt eins von Beispiel 1c. Es besteht aus nur zwei Noten eines a-Moll-Arpeggios (b3 und 5.), bevor der volle Dreiklang in Takt zwei gespielt wird.

In Takt drei bricht eine Triole den rhythmischen Fluss auf, bevor die Melodie zu 1/8- und 1/4-Noten zurückkehrt. Die C#-Note bei Beat 3, Takt drei ist eine Annäherungs-Note *(engl. approach note)*, die zum Grundton des d-Moll-Akkords führt. Der Lick endet mit der großen Terz des E7-Akkords in Takt fünf und unterstreicht den Akkordwechsel.

Höre dir das Audiobeispiel an und fühle, wie diese Linie swingt. Die Kombination aus 1/8- und 1/4-Noten verleiht dem Motiv eine Vorwärtsbewegung. Übe die Melodie und ziele darauf ab, dieses *Push* und *Pull*-Swing-Gefühl in deine Phrasierung zu bringen.

Beispiel 1c

Django verwendete in seinen Soli häufig schnelle chromatische Passagen – ein Mittel, das viele Jazzgitarristen später nachahmten. Oft spielte er eine chromatische Skala in Triolen, wie in Beispiel 1d. Auch dieser Lick sieht auf dem Papier ziemlich einfach aus, aber die Herausforderung ist es, ihn sauber und präzise im gewünschten Tempo zu spielen, und das erfordert etwas Geduld.

Beachte, dass die Skala zwar in Triolen gespielt wird, die Melodie aber in einem Vierklang pro Saitenmuster angeordnet ist. Konzentriere dich darauf, deine Finger korrekt zu halten, übe dann den Lick langsam und bringe ihn allmählich auf Tempo. (Viele Gypsy-Jazzgitarristen spielen chromatische Läufe auf einer einzigen Saite, aber das erfordert große Kontrolle und viel Übung!)

Beispiel 1d

Beispiel 1e beginnt mit einem Am7-Arpeggio auf der 5. Position in Takt eins, bevor eine Hammer-On und Pull-Off-Triolenfigur auf Schlag 1 von Takt zwei auftaucht. Man hört, wie Django in seinen Aufnahmen Triolen effektiv einsetzt, um nicht ständig vorhersehbare 1/8- oder 1/4-Notenpassagen zu spielen.

Wenn du diese Melodie spielst, achte auf die Positionsverschiebung, die für die kurze Melodie erforderlich ist, die bei Schlag 3 von Takt drei beginnt und bei Takt vier endet.

In den Takten fünf und sechs findet sich ein beliebtes Melodiemittel des Gypsy-Jazz: die Verwendung eines verminderten Arpeggios über einem dominanten Septakkord. In diesem Lick wird ein B vermindertes Arpeggio (B D F G#) über den E7-Akkord gespielt. Das Überlagern eines Bdim-Arpeggios über E7 ergibt die Intervalle 5, b7, b9 und 3 - also einen E7b9-Akkord ohne Grundton.

Spiele dieses Arpeggio noch einmal langsam und achte darauf, dass jede Note sauber klingt, bevor du das Tempo erhöhst.

Beispiel 1e

2. Charlie Christian

Charles Henry „Charlie" Christian wurde im Juli 1916 in Bonham, Texas, geboren und zog mit seiner Familie bereits als Kind nach Oklahoma. Beide Eltern waren aktive Musiker und sein Vater lehrte ihn und seine beiden älteren Brüder die Grundlagen der Musik. Er ermutigte sie auch, als Straßenmusiker zu arbeiten, um etwas zusätzliches Geld für die Familie zu verdienen. Nach dem frühen Tod seines Vaters erbte Christian seine Instrumente und studierte zu Hause weiter Musik. Während seines Schulbesuchs in Oklahoma City begann er zunächst Trompete zu spielen (ermutigt von einem seiner Musiklehrer), ließ das aber später sein, da er sich damals mehr für Baseball interessierte.

In den 1920er und 30er Jahren leitete Christians älterer Bruder Edward eine Band in Oklahoma City und sein anderer Bruder, Clarence, arrangierte, dass der junge Christian heimlich Gitarrenunterricht bei „Bigfoot" Ralph Hamilton erhielt, wo ihm bei drei bekannten Liedern dieser Zeit das Spielen und Solospielen beigebracht wurde: *Sweet Georgia Brown*, *Tea For Two* und *Rose Room*. Christian wurde so geschickt darin, diese Songs zu spielen, dass, als er schließlich eingeladen wurde, bei einer nächtlichen Jam-Session in Oklahoma City mit Edwards Band zu spielen, sein Spiel vom Publikum begeistert aufgenommen wurde.

Diese erfolgreiche frühe Aufführung verhalf Christian zu regelmäßigen Auftritten im gesamten Mittleren Westen und bis Mitte der 1930er Jahre erregte er große Aufmerksamkeit in der Region. Inzwischen spielte er ein frühes Modell einer Gibson-E-Gitarre. In dieser Zeit wurde sein Gitarrenspiel auch vom Plattenproduzenten John Hammond entdeckt, der Christian dem legendären Swing-Bandleader Benny Goodman empfahl.

1939, nach anfänglichen Vorbehalten gegen den Einsatz eines E-Gitarristen in seiner Gruppe, gründete Goodman ein neues Sextett mit Christian an der Gitarre. Sein flüssiges Spiel wurde sofort von anderen Jazzmusikern gelobt, die seinen „hornartigen" Umgang mit der Gitarre bemerkten. Später sagte er, dass er bewusst mehr wie ein Saxophon als wie ein traditioneller Gitarrist klingen wollte. Bis 1940 war Christian regelmäßig an der Spitze von Swing-Jazz- und Gitarrenumfragen, obwohl er noch vergleichsweise jung war. Er wurde auch eingeladen, bei den Metronome All Stars teilzunehmen (eine Elitegruppe von Jazzmusikern, die für Studioaufnahmen vom Metronome Magazine zusammengestellt wurde).

Neben seiner Arbeit mit Goodman war Charlie Christian eine bedeutende Figur in der frühen Entwicklung des Bebop-Jazz und trat oft im berühmten Minton's Playhouse Club in Harlem auf (von vielen als Geburtsort des Bebops angesehen). Sein hochmelodischer Stil beeinflusste viele der bedeutendsten Bebop-Performer des nächsten Jahrzehnts, wie Charlie Parker und Dizzy Gillespie.

Leider wirkte sich Christians hektischer Tournee- und Auftrittsplan durch die 1930er und 40er Jahre auf seinen Gesundheitszustand aus und nachdem er sich Ende der 1930er Jahre mit Tuberkulose infizierte, hatte er mehrere Aufenthalte in verschiedenen Krankenhäusern, um zu versuchen, wieder gesund zu werden. Schließlich wurde er im Juni 1941 in eine Pflegeeinrichtung in New York aufgenommen und starb Anfang des nächsten Jahres im Alter von nur 25 Jahren.

Christians Einfluss auf die Musiker der jüngeren Generation ist bedeutend, und viele bekannte Musiker der 1950er und 60er Jahre bezeichnen ihn als einen der wichtigsten Einflussfaktoren auf ihr Spiel, auch für Musiker außerhalb des Jazz. Die meisten Musikwissenschaftler sind sich einig, dass er der E-Gitarre den Weg geebnet hat, ein Lead-Solo-Instrument im Jazz zu werden, anstatt ein Instrument für rhythmische Begleitung zu bleiben.

Christians Spielstil mischte gekonnt Blues-Riffs mit längeren 1/8-Noten-Linien (oft mit chromatischen Durchgangsnoten), die alle mit einwandfreiem Timing und Phrasenaufbau gespielt wurden. In seinen Swing-Soli mit Goodman hört man die Elemente des frühen Bebops.

Charlie Christian spielte eine Gibson ES-150 Gitarre. Es war die erste E-Gitarre, die für die Gibson Company kommerziellen Erfolg erzielte, was nicht zuletzt auf Christians Einsatz des Instruments zurückzuführen ist. Die Gitarre besaß einen elektromagnetischen Single-Coil-Pickup, der inzwischen einfach als „Charlie Christian Pickup" bekannt ist. Er verwendete harte Saiten, da weichere Saiten während seiner Karriere nicht verfügbar waren. Zur Verstärkung benutzte er einen Gibson EH150 Verstärker, der mit einem 10" (oder später einem 12") Lautsprecher ausgestattet war und etwa 15 Watt lieferte.

Empfohlenes Audiomaterial

Solo Flight: The Genius of Charlie Christian

Electric

Charlie Christian with the Benny Goodman Sextett and Orchestra

Charlie Christian war ein melodischer Spieler und benutzte häufig wiederkehrende Motive, um seine Soli zu bilden. In Beispiel 2a beginnt ein einfaches Zwei-Noten-Motiv in Takt eins, dem eine Annäherungsnote vorausgeht, und betont die 6. und den Grundton des C-Dur-Akkords. Dieses Motiv setzt sich in Takt zwei fort, wird aber nun über einen C#dim-Akkord gespielt. Beachte die Spannung, die die Noten gegen den neuen Akkord erzeugen.

In Takt drei wird eine kurze C-Dur-Skala über dem G7-Akkord gespielt, beginnend mit einer Triolenfigur auf Beat 1, der Lick endet mit der b7 des gleichen Akkords - einem starken Akkordton.

Trotz der relativen Einfachheit dieser Linie zeigt sie, wie effektiv eine gut durchdachte Melodie sein kann. Wenn du diese Linie spielst, versuche, Christians Gefühl für rhythmische Autorität und die Betonung der Akkordtöne einzufangen.

Beispiel 2a

Christian benutzte in seinen Soli oft chromatische Durchgangsnoten, um melodische Bewegungen voranzutreiben. In Takt eins von Beispiel 2b wird ein Ab auf dem vierten 1/8-Notenschlag gespielt, der auf das 5. Intervall des C-Dur-Akkords abzielt. Eine weitere Durchgangsnote wird auf dem letzten Schlag des Taktes gespielt, was zu der E-Note am Anfang von Takt zwei führt.

Es folgt ein vermindertes Arpeggio - ein gängiger Ansatz der Swing-Spieler dieser Zeit, der auch von Django Reinhardt verwendet wurde, wie bereits erwähnt. Takt drei verwendet ein invertiertes Dm7-Arpeggio, das gegen den G7-Akkord ausgetauscht wurde, und eine kombinierte Triolen- und 1/8-Noten-Phrase schließt den Lick ab.

Wenn du diese Melodie spielst, achte auf die Positionsverschiebung in der Mitte des Taktes zwei, wenn du dich von der 8. zur 5. Position bewegst. Achte auch auf die Phrasierung in Takt zwei und höre dir das Audiobeispiel an, um zu hören, wie es klingen soll.

Beispiel 2b

Diese nächste Zeile veranschaulicht, wie Swing-Spieler die folgenden Bebop-Spieler stark beeinflusst haben. Beispiel 2c beginnt mit einer eintaktigen Phrase, die zum Standardvokabular für Jazz und Blues geworden ist. Eine Durchgangsnote zielt auf die E-Note bei Beat 2 des Taktes ab, bevor eine schnelle Triolenfigur zum Grundton des C-Dur-Akkords führt. Takt zwei verwendet ein absteigendes, vermindertes Arpeggio-Muster, das viele Swingmusiker verwendet haben. Der Lick endet mit einem einfachen Dreinotenmotiv, das die 4., 5. und 9. Stufe des G7-Akkords hervorhebt.

Stelle sicher, dass du die Griffweise des verminderten Musters in Takt zwei geübt und verinnerlicht hast, bevor du den Lick im richtigen Tempo spielst.

Beispiel 2c

Die Doppelgriffe zu Beginn von Beispiel 2d hätten leicht aus einer Rock'n'Roll-Aufnahme der 1950er Jahre stammen können, waren aber ein fester Bestandteil von Christians Spiel aus über einem Jahrzehnt zuvor. Für maximale Authentizität versuche, die obere E-Saite einen Tick höher zu benden, damit das Bending bluesig klingt. Verwende deinen vierten Finger, um die obere E-Saite und deinen dritten Finger, um die B-Saite für die Doppelgriffe zu spielen.

Wie in früheren Beispielen wird ein vermindertes Arpeggio über dem C#dim-Akkord in Takt zwei gespielt, aber hier wird beginnend mit einem Up-Beat gespielt, um der Melodie mehr Swing zu verleihen. In den letzten beiden Takten wird eine einfache Drei-Noten-Figur über dem G7-Akkord gespielt und die letzte Note ist die 6. Tonstufe des Akkords.

Sei besonders vorsichtig, diesen Lick nicht zu überstürzen, da er auf einem präzisen Spiel basiert, mit einem soliden Gefühl für Zeit und Swing.

Beispiel 2d

Der letzte Charlie Christian-Lick hat eine einfache rhythmische Konstruktion und sollte keine große technische Herausforderung darstellen. Aber trotz seiner Einfachheit ist er reich an Harmonie.

Takt eins zielt auf den Grundton und den 6. Ton des C-Dur-Akkords ab. Es folgt ein dreistimmiges Motiv in Takt zwei, das aus einem C#dim-Arpeggio stammt. Eine Reihe von absteigenden 1/4-Noten wird über G7 für die letzten beiden Takte gespielt.

Diese kaskadierenden 1/4-Noten suggerieren ein G13-Arpeggio. In absteigender Reihenfolge werden die Intervalle des 13., 5., 9., b7, 5., 11. und 3. des G7-Akkords gespielt. Wie viele andere Spieler der Swing-Ära begann Christian, die Akkordsubstitutionen zu erforschen, die in den späten 1940er Jahren ein wesentlicher Bestandteil des Bebop-Jazz-Vokabulars werden sollten.

Beispiel 2e

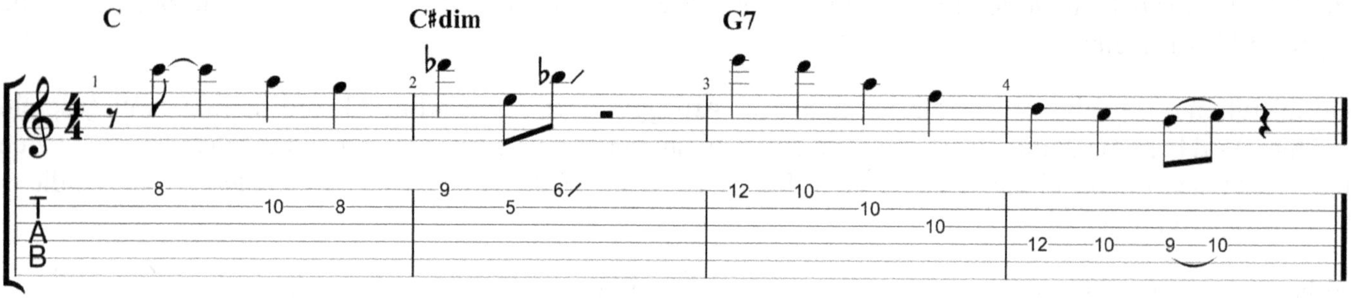

3. Herb Ellis

Mitchell Herbert „Herb" Ellis wurde am 4. August 1921 in Farmersville, Texas, geboren und wuchs in einem Vorort von Dallas auf. Ellis hörte zum ersten Mal eine E-Gitarre bei einer Performance des Gitarristen George Barnes in einem Radioprogramm, und es wird angenommen, dass dies ihn inspirierte, Gitarre zu spielen. Schnell wurde er mit dem Instrument vertraut und absolvierte die North Texas State University mit dem Schwerpunkt Musik. Da die Universität zu dieser Zeit kein Gitarrenprogramm hatte, musste er Bass studieren und dann aus Geldmangel das Studium abbrechen. Ellis entschied sich dann, für sechs Monate mit einer Band der University of Kansas zu touren. In dieser Zeit wurde er auch auf das Gitarrenspiel von Charlie Christian aufmerksam, der zu einem seiner größten musikalischen Einflüsse wurde.

1943 trat Ellis dem Casa Loma Orchestra bei und mit dieser Band erhielt er seine erste Anerkennung in der Jazz-Welt. Danach trat er der Jimmy Dorsey Gruppe bei, wo er einige seiner ersten Gitarrensoli aufnahm, die auf einem Album erschienen. Ellis blieb bis 1947 bei Dorsey, reiste und nahm viel auf und spielte in Tanzsälen und Kinos.

Ellis' Karriere nahm einen großen Aufschwung, als er während einer sechswöchigen Pause im Tourneeplan der Dorsey-Band mit dem Pianisten Lou Carter und dem Bassisten John Frigo die Gruppe Soft Winds gründete und einen sechsmonatigen Aufenthalt im Peter Stuyvesant Hotel in Buffalo hatte. Die Gruppe blieb bis 1952 zusammen und wurde nach dem Vorbild des Nat King Cole Trios aufgebaut. Zusammen mit Frigo und Lou Carter schrieb Ellis auch den klassischen Jazz-Standard *Detour Ahead*.

1953 schloss sich Ellis dann dem gefeierten Jazzpianisten Oscar Peterson (Nachfolger von Gitarrist Barney Kessel) an und bildete neben dem Bassisten Ray Brown eines der berühmtesten Jazztrios aller Zeiten. Ellis war übrigens das einzige weiße Mitglied des Trios – eine Tatsache, die damals sehr umstritten war.

Das Peterson-Trio (oft mit einem Schlagzeuger) wurde zur festen Hausband von Norman Granz's Verve Records und unterstützte viele beliebte Jazzmusiker dieser Zeit. Ellis spielte hauptsächlich als Teil der Rhythmusgruppe für diese Verve-Aufnahmen und hatte nicht immer ein spezielles Solo.

Das Peterson-Trio war auch eine der tragenden Säulen der von Granz organisierten „Jazz at the Philharmonic"-Konzerte und tourte ständig in den USA und Europa. Ellis verließ das Trio schließlich im November 1958, um durch den Schlagzeuger Ed Thigpen und nicht durch einen anderen Gitarristen ersetzt zu werden. Nach dem Ende des Peterson-Gigs engagierte sich Ellis verstärkt in Studio-Sessions und wurde oft in der Hausband für TV-Programme wie die Steve Allen Show eingesetzt.

Zwischen 1957 und 1960 tourte und spielte Ellis ausgiebig mit der legendären Jazz-Sängerin Ella Fitzgerald und gründete später zusammen mit den Gitarristen Barney Kessel, Charlie Byrd und Tal Farlow das Great Guitars Trio. In den 1970er Jahren begann er, die Zahl seiner Live-Auftritte zu erhöhen und bildete auch eine fruchtbare musikalische Partnerschaft mit seinem Kollegen Joe Pass. 1982 gründete Ellis mit Monty Alexander und Ray Brown die Gruppe Triple Threat, die bis in die 90er Jahre hinein zusammenarbeitete.

1994 wurde Ellis in der Arkansas Jazz Hall of Fame aufgenommen und erhielt am 15. November 1997 die Ehrendoktorwürde für Musik von der University of North Texas.

Ellis starb am Morgen des 28. März 2010 im Alter von 88 Jahren traurigerweise an der Alzheimer-Krankheit in seinem Haus in Los Angeles.

Obwohl zunächst beeinflusst durch das Gitarrenspiel von Charlie Christian, entwickelte sich Herb Ellis zu einem flüssigen Swing/Bop-Solisten. Sein Gespür für Harmonie und seine unheimliche Fähigkeit, auch bei den schnellen Tempi des Oscar Peterson Trios zu swingen, wurde im Laufe der Jahre viel gelobt und er bleibt eine der Hauptfiguren der Jazzgitarre im 20. Jahrhundert.

Herb Ellis bevorzugte Archtop-Jazzgitarren wie die Gibson ES-175 und die ES-165 und ließ auch ein charakteristisches Aria Pro II Herb Ellis-Modell für ihn anfertigen. Seine Wahl des Verstärkers war im Allgemeinen ein kleiner, clean klingender Combo (oft Solid-State, wie z.B. der Polytone Mini-Brute) und er war auch dafür bekannt, dass er früher in seiner Karriere Ampeg-Verstärker gespielt hatte. Ellis benutzte selten, wenn überhaupt, Effekte für seinen Gitarrensound und zog es vor, direkt in seinen Verstärker zu spielen.

Empfohlenes Audiomaterial

Ellis in Wonderland

Man with the Guitar

Straight Tracks

Herb Ellis war gleichermaßen mit Swing- und Bebop-Stilen vertraut und hatte ein makelloses Jazz-Zeitgefühl. Beispiel 3a veranschaulicht, wie Herb ein melodisches Pattern nehmen und es so anpassen kann, dass es mehrere Takte mit großer Wirkung hält.

Bei Beat 1 von Takt eins beginnt ein Pattern, das zwei Akkordtöne des Fm7-Akkords hervorhebt, wobei eine Annäherungs-Note einen Halbton darunter verwendet wird. Das Muster wird dann transponiert, um zum Bbm7-Akkord in Takt zwei zu passen. Spiele diese beiden Takte in der 5. Position, bevor du in die 6. Position für Takt drei wechselst.

Das Muster aus den Takten eins und zwei setzt sich in Takt drei kurz fort und zielt auf das b9-Intervall gegen den Eb7-Akkord. Der Rest des Taktes drei hat einen verminderten Geschmack, bevor die Linie mit einer kurzen Swing-Melodie über den Akkorden Abmaj7 und Dbmaj7 endet.

Das konstante 1/8-Tonmuster bedeutet, dass an diesem Lick nichts zu technisch ist. Die größte Herausforderung besteht darin, das Swing-Feeling beim Spielen im vollen Tempo zu erhalten. Achte auf die erforderliche Positionsverschiebung zwischen den Takten zwei und drei.

Beispiel 3a

Beispiel 3b zeigt Ellis' Verwendung von sich wiederholenden rhythmischen Motiven. Ab Beat 4 von Takt 1 wird eine Kombination aus 1/8-Triolen und 1/4-Tönen über die ersten drei Akkorde gespielt. Beachte, dass das Motiv nicht immer auf dem gleichen Beat in jedem nachfolgenden Takt gespielt wird. Rhythmus- und Notenplatzierung bringt Abwechslung in die Phrasierung und weckt das Interesse des Hörers.

Ab Beat 4 in Takt drei bildet eine Reihe von gebundenen 1/8- und 1/4-Noten das rhythmische Momentum. Ein Akkordton wird auf dem Down-Beat jedes neuen Taktes anvisiert. Stelle sicher, dass du diesen Lick mit einem starken Swing Gefühl spielst und ihn nicht überstürzt.

Beispiel 3b

Ellis verwendete oft eine Kombination aus On- und Off-Beat 1/8-Noten, um Interesse an einer ansonsten einfachen Skalenfolge zu wecken, wie Beispiel 3c zeigt. Die ausgelassenen Noten lassen die Melodie wirklich swingen. Höre das Audiobeispiel an, um sicherzustellen, dass du die Noten während der ersten drei Takte auf den richtigen Beat legst.

In Takt drei setzt sich die Linie mit einer Kombination aus 1/8- und 1/4-Noten fort, beinhaltet aber einige gebundene Noten (z.B. bei Beat 1 von Takt fünf). Der Lick löst sich auf die große Terz des Cmaj7-Akkords in Takt sieben auf, bevor er mit einem Intervall endet, das auf die große Septime und Quinte ausgerichtet ist.

Beispiel 3c

Dieser nächste Lick verwendet die gängige Bebop-Annäherungs-Notentechnik. Ausgehend von Fm7 in Takt eins werden die Akkordtöne mit Noten angespielt, die einen Skalenschritt höher und einen Halbton tiefer liegen und somit der Akkordton „umschlossen" (enclosure). Der Rhythmus der Melodie wird im Laufe der Zeit variiert, um zu verhindern, dass sie zu sehr wie eine Übung klingt.

Eine Änderung der melodischen Richtung erfolgt in Takt sechs, mit einer einfachen Skala in C-Dur. Die Ausschmückungen kehren in den Takten sieben und acht mit einer Melodie im Charlie Parker-Stil wieder. In Takt sieben zielen die Annäherungs-Noten auf die 5., den Grundton und große 3. des C-Dur-Akkords ab. Übe diesen Lick zunächst langsam und konzentriere dich auf die rhythmische Platzierung der Noten.

Beispiel 3d

Der letzte Lick im Ellis-Stil zeigt Herbs Tendenz, Akkorde und einzelne Notenlinien in seinen Soli zu kombinieren – eine Technik, die er wahrscheinlich beim Spielen in Trios entwickelte, wo seine Gitarre das einzige harmonische Instrument war. Die Interpunktion von Soli mit akkordischen Phrasen oder Stabs kann einen großen Kontrast zu langen Skalen- oder Arpeggio-Läufen bilden.

In den Takten eins und zwei werden die Akkorde Fm7 und Bbm7 mit Drop-2-Voicings gespielt, bevor in Takt drei über dem Eb7-Akkord ein Ab-Dur-Lauf eingeführt wird.

Ein Akkordton wird auf dem ersten Beat der Takte vier und fünf gespielt, um die Akkorde stark zu umreißen, gefolgt von einer schnellen Pull-Off-Triole auf Beat 3 von Takt sechs. Die Melodie endet mit Drop-2-Voicings über dem Cmaj7-Akkord – der zweite davon ist Em7, eine gebräuchliche harmonische Substitution für Cmaj7.

Beispiel 3e

4. Tal Farlow

Talmage Holt „Tal" Farlow wurde im Juni 1921 in Greensboro geboren. Er war weitgehend Autodidakt an der Gitarre, die er erst im Alter von 22 Jahren begann zu spielen. Farlow wuchs in einem musikalischen Haushalt auf – sein Vater spielte mehrere Bundinstrumente und seine Mutter und Schwester spielten beide Klavier. Angeblich lernte er Akkord-Melodiespiel, indem er eine Mandoline spielte, die wie eine Ukulele gestimmt war. Farlow erklärte später, dass das Spielen der Ukulele die anfängliche Motivation war, die höheren vier Saiten auf seiner Gitarre für Melodien und Akkorde zu verwenden, während die beiden tiefsten Saiten für Basslinien verwendet wurden, die mit dem Daumen gespielt wurden.

Trotz seines musikalischen Talents war Farlows einzige Berufsausbildung Schildermaler, und er setzte diese Arbeit sein ganzes Leben lang parallel zu seinem Gitarrenspiel fort. Als Zeichenlehrling bat er um Nachtschichten in einem örtlichen Laden, um populäre Jazz-Bigbands im Radio hören zu können. Farlow wurde zunächst von frühen Jazzkünstlern wie Bix Beiderbecke, Eddie Lang und Louis Armstrong beeinflusst, aber Charlie Christian wurde sein Haupteinfluss, als er ihn mit Benny Goodman E-Gitarre spielen hörte. Farlow sagte später, dass er seine eigene E-Gitarre gebaut habe, weil er es sich nicht leisten konnte, eine zu kaufen.

Während des Zweiten Weltkriegs war Farlow in Greensboro stationiert und begann mit einer Reihe von lokalen Jazzmusikern zu arbeiten. Kurz darauf, während er mit der Vibraphonistin Dardanelle spielte, begann er eine Residency in der Copacabana Lounge in New York. In New York nutzte Farlow die Gelegenheit, viele seiner Lieblingsjazzmusiker auf der 52 Street spielen zu hören – darunter Charlie Parker, Dizzy Gillespie und der Pianist Bud Powell. Farlow nahm sich schließlich eine Wohnung in der West 93rd Street in New York, einem Gebiet, das bei anderen aufstrebenden Stars der New Yorker Jazzszene beliebt war.

Farlow erregte 1949 erstmals große Aufmerksamkeit, als er sich einem Trio mit dem Vibraphonisten Red Norvo und dem Bassisten Charles Mingus anschloss (er ersetzte Mundell Lowe an der Gitarre). Das Red Norvo Trio wurde zu einer der beliebtesten Jazz-Attraktionen der 1950er Jahre und Farlows Spiel wurde von anderen Jazzmusikern schnell wahrgenommen und gelobt. Norvo hatte die Gewohnheit, schnelle Tempi zu spielen, und Farlows Gitarrentechnik stellte sich bald der Herausforderung. Er erhielt 1954 den *Down Beat* New Star Award und 1956 den Critics Poll.

Farlow verließ das Norvo-Trio 1953, um sich den Gramercy Five unter Artie Shaw anzuschließen, und zwei Jahre später gründete er sein eigenes Trio mit dem Bassisten Vinnie Burke und dem Vibraphonisten Eddie Costa, der regelmäßig in New York City im Composers Club in Manhattan spielte. Nach seiner Heirat 1958 zog sich Farlow teilweise aus der Musikszene zurück und ließ sich in Sea Bright, New Jersey, nieder. Obwohl er weiterhin mit einer Vielzahl von Musikern in lokalen Clubs spielte, kehrte er größtenteils zu seiner Karriere als Schildermaler zurück. Farlow machte zwischen 1960 und 1975 nur ein Album als Leader, obwohl die Gibson Guitar Corporation (mit Farlows Beteiligung) 1962 das Tal Farlow-Modell produzierte.

In den 1970er Jahren nahm Farlow an einigen Aufnahmen teil und unternahm eine kleine Tournee, stand aber nicht im Rampenlicht bis in die 1980er Jahre, als er sechs Aufnahmen für das Label Concord machte und begann, wesentlich mehr zu spielen als in den letzten anderthalb Jahrzehnten. Er tourte sowohl in Europa als auch in Japan und ein Dokumentarfilm über ihn wurde 1981 veröffentlicht.

Farlow spielte und nahm bis Mitte der 90er Jahre weiter auf, obwohl er seine internationale Tournee auf Konzerte und Unterricht in den USA beschränkte. Er war auch Stellvertreter von Barney Kessel, Charlie Bryd oder Herb Ellis in der Great Guitars Gruppe.

Farlow starb am 25. Juli 1998 im Memorial Sloan-Kettering Cancer Centre in New York City im Alter von 77 Jahren an Krebs.

Farlow wurde wegen seiner großen Hände und der schnellen Technik auf dem Griffbrett „der Oktopus" genannt. Im Gegensatz zu anderen Spielern seiner Generation platzierte er häufig einzelne Noten in Gruppen zusammen und konnte Akkorde bilden, die die meisten anderen Spieler aufgrund seiner großen Handgröße nicht erreichen konnten. Er entwickelte eine große Fertigkeit mit künstlichen Flageoletts und benutzte oft den Gitarrenkorpus als Schlagzeug.

Farlow verwendete eine Vielzahl von Gitarren, darunter sein charakteristisches Gibson Tal Farlow-Modell, eine Gibson ES-250 und eine ES-350. Für Verstärker verwendete er Fender-Kombinationen wie den Deluxe Reverb und Twin, sowie Gibson-Verstärker und einen Walter Woods-Verstärker.

Empfohlenes Audiomaterial

The Artistry of Tal Farlow

Autumn in New York

The Return of Tal Farlow

Tal Farlow war ein Meister des Akkordmelodie-Spiels und der Stimmführung. Beispiel 4a zeigt seinen Ansatz, eine II V I Progression in F-Dur zu spielen. Die Akkordfolge beginnt mit einem Gm9-Voicing auf Beat 1 von Takt 1, gefolgt von einer Reihe von ausgefallenen Bassnoten und Akkorden. Beachte die Verwendung des gemeinsamen Tons (eine D-Note auf der B-Saite, 3. Bund), der auf den Akkorden Am11, Ab7b5 und Gm7 liegt. Das ursprüngliche Gm9-Voicing wird wieder in Takt zwei gespielt, Beat 3 und ein C13b9-Akkord bereiten die endgültige Auflösung auf F6/9 vor.

Höre dir das Audiobeispiel genau an, denn diese Passage wird rubato gespielt (nicht in einem strengen Tempo). Versuche, die Akkorde so sauber wie möglich zu spielen und lasse jede Note für ihren vollen rhythmischen Wert klingen. Der Lick kann entweder mit einem Pick oder Fingerstyle gespielt werden.

Beispiel 4a

Beispiel 4b zeigt, was Farlow typischerweise unbegleitet als Intro spielen könnte. In Takt eins wird ein Pedalton (die offene A-Saite) unter einer Reihe von aufsteigenden diatonischen Dreiklängen (a-Moll, b-Moll, C-Dur) verwendet.

In Takt zwei wird ein D13b9-Akkord für drei Schläge gehalten, bis eine Reihe von absteigenden 13. Akkorden auf Beat 4 des gleichen Taktes eingeführt werden. Farlow benutzte oft seinen linken Daumen, um Bassnoten zu spielen (wegen der Größe seiner Hände). Experimentiere, um zu sehen, ob diese Technik für dich funktioniert.

Dieses Beispiel wird auch rubato gespielt, lass also jede Note der Akkorde so gut wie möglich klingen. Du kannst diese Linie sowohl als Outro als auch als Intro verwenden, besonders wenn du solo spielst.

Beispiel 4b

Neben seinen Akkordmelodie-Fähigkeiten war Farlow ein erfinderischer und melodischer Einlinien-Solist. Beispiel 4c ist eine siebentaktige Melodie, die über die Akkordwechsel zu einem bekannten Jazzstandard gespielt wird. Wie die meisten Meisterimprovisatoren nutzte Farlow die Motive sehr häufig. In Takt eins umreißt ein kurzes Motiv die Akkordtöne von Em7b5, bevor sich die Melodie in Takt zwei zur 3. und b9 des A7-Akkords auflöst.

Das Motiv von Takt eins wird in Takt drei leicht an den Cm7-Akkord angepasst, bevor ein Skalenlauf über den F7-Akkord in Takt vier gespielt wird. In Takt fünf geht die Melodie nach einer Pause von zwei Schlägen weiter. Eine weitere kurze Skala wird über die Taktlinie zwischen den Takten fünf und sechs gespielt, bevor die Melodie mit der 3. und 7. des Ebmaj7-Akkords endet.

Das Tempo ist hier ziemlich schnell, also lerne diese Melodie langsam und arbeite dich langsam zur vollen Geschwindigkeit hin.

Beispiel 4c

Großes Spiel im Bop-Stil bedeutet nicht nur, lange Läufe von 1/8-Noten zu spielen. Takt eins und zwei von Beispiel 4d zeigen, wie Farlow sorgfältig Rhythmen arrangierte, um einen einfachen Tonleiter-Abstieg musikalisch klingen zu lassen. Beginnend mit dem Up-Beat von Beat 1 verwendet die Melodie abwechselnd Off-Beats und 1/4-Noten in den ersten beiden Takten, bevor sie zu einer konventionelleren Notenplatzierung in Takt drei übergeht. Eine Triolenfigur wird in Takt drei gespielt, um rhythmische Vielfalt zu erzeugen. Farlow verwendete diese Art der Synkopierung oft in seinem Spiel, besonders bei schnelleren Tempi.

Die meisten großen Jazz-Solisten spielen starke Akkordtöne auf Down-Beats, was sich besonders in den Takten drei, sechs, sieben und acht in diesem Lick bemerkbar macht. Da es sich um eine lange Melodie handelt, lerne sie in kleinen Abschnitten und bringe sie dann zusammen. Stell sicher, dass du die gesamte Melodie flüssig spielen kannst, bevor du sie auf Tempo bringst. Höre das Audiobeispiel an, um das Timing richtig hinzubekommen.

Beispiel 4d

Wenn Farlow schnelle Melodien spielte, verwendete er gelegentlich Legato-Phrasierungen, anstatt jeden Ton zu spielen. Diese Melodie beginnt mit einem absteigenden Pull-Off vom 12. bis 9. Bund auf der oberen E-Saite. Versuche, dies vom kleinen Finger bis zum ersten zu spielen, und versuche, jede Note mit gleicher Lautstärke zu spielen.

Takt zwei verwendet eine einfach klingende, aber effektive Sequenz, die auf die #5 und 3. des A7-Akkords abzielt, bevor eine Hammer-On- und Pull-Off-Triolenfigur auf Beat 1 des letzten Taktes folgt. Der Lick endet mit einer kurzen Intervall-Phrase, die b7 und den 6. Ton des Cm7-Akkords hervorhebt.

Die Verwendung einer Kombination aus Legato und ausgewählten Phrasen trägt wirklich dazu bei, eine solistische Dynamik und klangliche Vielfalt zu erreichen. Wie bei den anderen Licks in diesem Kapitel, nimm dir Zeit und lerne die Melodie langsam, bevor du sie im vollen Tempo versuchst.

Beispiel 4e

5. Johnny Smith

John Henry Smith II wurde am 25. Juni 1922 in Birmingham, Alabama, geboren. Seine Familie zog während der Weltwirtschaftskrise mehrmals um und ließ sich schließlich in Portland, Maine, nieder. Es wurde dokumentiert, dass Smith sich selbst das Gitarre spielen beigebracht hat, während er in verschiedenen lokalen Pfandhäusern arbeitete. Er durfte im Gegenzug üben, weil er die Instrumente gestimmt und in gutem Zustand hielt. Er spielte auch Geige. Smith entwickelte sich schnell zu einem Musiker und unterrichtete seine Schüler schon als Teenager. Seine erste Gitarre erhielt er von einem seiner Schüler als Geschenk.

Smiths erste Auftritte waren in der Country-Musik und er schloss sich Uncle Lem and the Mountain Boys an, einer lokalen Hillbilly-Gruppe, die regelmäßig in Maine spielte und auf lokalen Tänzen und Messen auftrat. Er verließ die High School, um sich auf seine Arbeit mit der Gruppe zu konzentrieren, zumal er etwa vier Dollar pro Nacht verdienen konnte! Aber Smiths musikalischer Geschmack wandte sich allmählich von der Country-Musik ab und er interessierte sich zunehmend für die Jazzgruppen, die er im lokalen Radio hörte. Im Alter von 18 Jahren verließ er The Mountain Boys, um sich einem Trio namens The Airport Boys anzuschließen.

Abgesehen von seiner Musik hatte Smith gelernt zu fliegen und hoffte, Militärpilot zu werden, als er sich bei den United States Army Air Corps einschrieb. Wegen Sehproblemen im linken Auge wurde er abgelehnt, so dass er nur die Wahl hatte, einer Militärkapelle beizutreten oder eine Ausbildung zum Mechaniker zu absolvieren. Smith entschied sich für die Militärkapelle und musste das Kornett schnell mithilfe eines Lehrbuchs lernen. Er bestand die Aufnahmeprüfung für die Band innerhalb zwei Wochen.

Nach dem Zweiten Weltkrieg kehrte Smith zu seinem Hauptinstrument der Gitarre zurück, mittlerweile mit guten Lesefähigkeiten, und begann seine seriöse berufliche Laufbahn, als er einer Einladung folgte, dem Musikpersonal von NBC in New York beizutreten. Als Studiogitarrist und Arrangeur für NBC von 1946 bis 1951 und danach bis 1958 freiberuflich tätig, spielte er in verschiedenen Besetzungen vom Solo bis zum vollen Orchester. Smith hatte auch sein eigenes Trio, The Playboys, mit Mort Lindsey und Arlo Hults. Der Gitarrist nahm auch an Konzertabenden atonaler Musik teil, wie Schoenbergs Serenade for Septet 1949 und Bergs Oper Wozzeck 1951 mit Dimitri Mitropoulos.

Smiths am meisten gelobte Aufnahme ist *Moonlight in Vermont* von 1952 (das vom *Down Beat* Magazin zu einem der besten Jazz Albem des Jahres gewählt wurde), auf der auch der Saxophonist Stan Getz zu hören war. Seine bekannteste Komposition ist *Walk Don't Run*, ursprünglich geschrieben für eine Aufnahmesession 1954 als Gegenmelodie zu den Akkordwechseln von *Softly as in a Morning Sunrise*. Dieses Stück wurde ein Hit für die Gruppe The Ventures, die die Komposition zum ersten Mal hörte, als sie von Gitarrist Chet Atkins gecovert wurde. Die Version der Ventures belegte im September 1960 für eine Woche Platz Nr. 2 auf der Billboard Top 100.

Anfang 1957 war Smiths Frau zusammen mit seinem zweiten Kind bei der Geburt auf tragische Weise gestorben. Er schickte seine überlebende Tochter nach Colorado Springs, um vorübergehend von seiner Mutter betreut zu werden, dann im folgenden Jahr beendete er seine Karriere in New York City, um sich um seine Tochter zu kümmern. Danach verließ Smith das Rampenlicht der New Yorker Musikszene, um einen Musikinstrumentenladen zu betreiben, Musik zu unterrichten und seine Tochter großzuziehen. Er nahm jedoch bis in die 1960er Jahre weiterhin Alben für die Labels Royal Roost und Verve auf.

Smith nahm weiterhin ein wenig auf und trat live in den Nachtclubs von Colorado auf, lehnte aber fast alle Einladungen zu Tourneen ab und wurde von der Jazzpresse daher weitgehend ignoriert. In den späten 1960er Jahren nahm er drei Alben für Verve auf und startete seine bahnbrechenden und beliebten Gitarren-Seminare in den USA.

Eine Ausnahme von seinem selbst auferlegten Exil bildete Bing Crosby, den er 1976/77 auf einer Tournee durch die USA und Großbritannien begleitete, die kurz vor Crosbys Tod endete. 1998 wurde Johnny Smith mit der renommierten James Smithson Bicentennial Medal ausgezeichnet, als Anerkennung für seinen Einfluss als Gitarrist auf die Popkultur. Smith starb an Komplikationen durch einen Sturz in seinem Haus in Colorado Springs, Colorado, im Alter von 90 Jahren.

Smith war einer der vielseitigsten Gitarristen der 1950er Jahre. Sein Spiel war geprägt von klavierartigen Akkord-Voicings und schnell aufsteigenden melodischen Läufen. Er besaß eine erstaunliche Picking-Technik und war einer der technisch fortschrittlichsten Spieler seiner Generation, der oft schnelle Skalen- und Arpeggio-Linien über drei Oktaven spielte. Seine Akkordmelodie-Solo-Arrangements gehören zu den besten Kompositionen für Plektrum-Gitarre.

Guild, Gibson und Heritage fertigten alle Gitarren, die von Johnny Smith entworfen und endorsed wurden. Im Vergleich zu anderen Jazzgitarristen mit „Signature" Modellen wurde jede Gitarre ganz oder teilweise von Smith selbst entworfen. Smith gibt an, Gitarrendesign gelernt zu haben, indem er den erfahrenen Gitarrenbauer John D'Angelico beobachtete, der sein Freund und Lieferant war, als er in New York lebte. Smith war auch an Verstärkerentwürfen beteiligt und arbeitete mit Ampeg am Fountain of Sound-Verstärker in den 1950er Jahren und später in den 1960er Jahren mit Gibson am GA-75L-Verstärker zusammen.

Empfohlenes Audiomaterial

Moonlight In Vermont (mit Stan Getz)

The Guitar World of Johnny Smith

Walk, Don't Run

Johnny Smith besaß eine makellose Picking-Technik und verwendete in seiner Soloarbeit regelmäßig lange Arpeggio- und Skalenläufe, wie die Takte eins und zwei von Beispiel 5a zeigen. In Takt eins wird die F-Dur-Skala ab der 7. Tonstufe gespielt und steigt zum Grundton auf. Die Skala ändert sich in Ab-Dur in Takt zwei (oder im Eb mixolydischen Modus), um sich der Änderung der Tonart anzupassen. Beachte, dass in beiden Takten der Lauf mit einem starken Akkordton beginnt.

In den Takten drei und vier ändert sich die Skalenauswahl für die Akkorde Am7b5 und D7 auf G Harmonic Minor. Dies ist eine beliebte Wahl bei Jazzmusikern und suggeriert einen D7b9-Sound über dem V-Akkord. Ein Gm7-Arpeggio vervollständigt den Lick. Wenn du diese Zeile spielst, konzentriere dich auf die Phrasierung und versuche, die Skalenläufe nicht zu überstürzen.

Beispiel 5a

Beispiel 5b ist eine sechstaktige Melodie, die mit einem markanten Smith-Arpeggio-Lauf beginnt, der den Fmaj7-Akkord umreißt und dann mehrere seiner Lieblings-Soloansätze kombiniert.

In Takt zwei wird das b7 des Eb7-Akkords auf Beat 1 anvisiert, um die Tonartänderung hervorzuheben. Bei den Schlägen 2 und 3 wird die #11 hervorgehoben (eine A-Note auf der B-Saite, 10. Bund). Smith bevorzugte es oft, die #11 über dominante Akkorde zu spielen.

In den Takten drei und vier wird die G-Harmonische Moll-Skala mit dem Zusatz von chromatischen Durchgangsnoten verwendet (die Ab-Note bei Beat 4, Takt drei, die wiederum als letzte 1/8-Note von Takt vier auftritt).

Der Lick endet mit einer Reihe von Off-Beat-Terz-Intervallen, die als Doppelgriffe gespielt werden.

Beispiel 5b

Smith verwendete Doppelgriffe, um einen Kontrast zu seinen Einzelnotenpassagen zu schaffen. Beispiel 5c verwendet sie, um die zugrunde liegende Harmonie zu skizzieren. Von besonderem Interesse ist hier die rhythmische Platzierung der Doppelgriffe, die meist auf dem Off-Beat gespielt werden. Wenn du eine solche Idee in deinem Spiel aufnimmst, achte darauf, dass Akkordtöne innerhalb der Intervalle vorhanden sind, damit du die Harmonie nicht aus den Augen verlierst.

Takt eins zielt ab auf die 3. und 5. von Fmaj7 auf Beat 1, dann auf den Grundton und die 3. auf den Up-Beat von Beat 2. In Takt zwei wird Db als gemeinsamer Ton auf der G-Saite (6. Bund) gehalten, während die D-Saite verwendet wird, um die Ab-Dur-Skala abzusteigen. Nachdem der Lick auf die b3. und den Grundton des Am7b5-Akkords bei Beat 1 von Takt drei ausgerichtet wurde, endet er mit diatonischen Intervallen, die einen D7b9-Akkord umreißen. Die Noten im letzten Takt stammen aus der G-Harmonischen Moll-Skala.

Beispiel 5c

Beispiel 5d zeigt Johnny Smiths einzigartigen Ansatz beim Spielen von Akkordmelodien. Wie in seiner berühmten Aufnahme von *Moonlight in Vermont* zu hören war, favorisierte Smith eng gesetzte Stimmführungen, die einige ungewöhnlich große Streckbewegungen der linken Hand erforderten. Achte auf die Griffweise in der Tabulatur mit diesen Akkorden (besonders in den Takten eins und drei) und lerne jeden Akkord einzeln, bevor du sie alle zusammensetzt. Takt eins erfordert einige signifikante Positionsverschiebungen von der 10. Bundregion zur 5. Position, also arbeite zunächst langsam daran.

Diese Akkordpassage würde entweder als Intro oder als Outro in der Tonart C-Dur funktionieren. Lass dich nicht von den Änderungen der Taktart abschrecken. Unbegleitete Akkordsoli klingen oft so, als würden sie in unterschiedlichen Metren gespielt, aber das Hauptziel ist es, so zu klingen, als ob sie frei gespielt würden.

Beispiel 5d

Der letzte Johnny Smith-Lick verwendet den Doppelgriff-Ansatz der vorherigen Beispiele und beginnt mit einer Reihe von Terzen, die sich von der 4. auf die 9. Position bewegen. Smith spielte solche Passagen oft in seinen unbegleiteten Akkordmelodie-Soli. Versuche, diesen Lick sowohl mit Plektrum als auch im Fingerstyle zu spielen. Ein hybrider Pick- und Finger-Ansatz kann ebenfalls gut funktionieren.

Der letzte Up-Beat von Takt eins ist einfach eine chromatische Intervallbewegung, um den D7-Akkord auf Beat 1 von Takt zwei zu erreichen. Der ganze Abschnitt ist eine II V I Progression in G-Dur. Takt zwei verwendet ein D13b9-Voicing (konstruiert aus der Halbton-Ganzton verminderten Tonleiter in D), um die Endkadenz zum G6/9-Akkord im letzten Takt zu erreichen.

Diese Melodie zeigt, wie Smith Akkordsubstitutionen und Akkordverzierungen verwenden würde, um eine vertraute Sequenz zu dekorieren.

Beispiel 5e

6. Wes Montgomery

John Leslie „Wes" Montgomery wurde im März 1923 in Indianapolis, USA, geboren. Montgomery stammte aus einer musikalischen Familie und seine beiden Brüder Monk und Buddy wurden beide zu bekannten Jazzmusikern. Der Spitzname Wes war anscheinend eine Abkürzung seines Vornamens Leslie aus der Kindheit. Montgomery begann im relativ späten Alter von 19 Jahren mit dem Gitarrenunterricht, indem er die Aufnahmen des Gitarristen Charlie Christian hörte und davon lernte. Er hatte jedoch bereits im Alter von 12 Jahren eine viersaitige Tenorgitarre gespielt, war Autodidakt und spielte berühmterweise mit dem Daumen statt mit dem Plektrum.

Montgomery wurde schon früh in seiner Karriere für seine Fähigkeit gefeiert, Christians Solos Note für Note nachzuspielen, und wurde angeblich vom Vibraphonisten und Bandleader Lionel Hampton für diese Fähigkeit angeheuert. Obwohl er nicht gut vom Blatt lesen konnte, konnte sich Montgomery komplexe Melodien und Jazz-Harmonien schnell allein nach Gehör einprägen. Er tourte von Juli 1948 bis Januar 1950 mit dem Orchester von Lionel Hampton, war aber unzufrieden mit der langen Tournee und der Arbeit weg von seiner Familie, so dass er bald nach Indianapolis zurückkehrte.

Mittlerweile arbeitete Montgomery mit einer Familie von acht Personen jeden Tag von 7:00 bis 15:00 Uhr in einer lokalen Fabrik und trat dann bis 2:00 Uhr in lokalen Clubs auf. Der Saxophonist Cannonball Adderley hörte Montgomery in einem Club in Indianapolis und war von seinem Spiel ausreichend beeindruckt, um den Plattenproduzenten Orrin Keepnews zu kontaktieren, der Montgomery 1959 zu einem Plattenvertrag mit Riverside Records verpflichtete.

Montgomery war bis 1963 bei Riverside, und die Aufnahmen, die in dieser Zeit gemacht wurden, gelten in der Jazz-Historie als eines der besten Werke von Montgomery. Zwei besondere Aufnahmesessions im Januar 1960 trugen zum Album *The Incredible Jazz Guitar von Wes Montgomery* bei, das als Quartett aufgenommen wurde. Auf dem Album waren zwei seiner bekanntesten Kompositionen zu hören, *Four on Six* und *West Coast Blues*. Fast alle von Montgomerys Arbeiten auf Riverside entstanden in einer kleinen Gruppe, die eine Mischung aus aktuellen Standards/Originalen und ruhigen ausdrucksstarken Balladen spielten.

1964 wechselte Montgomery für zwei Jahre zu Verve Records. Seine Zeit bei Verve brachte eine Reihe von Alben hervor, auf denen er von einem Orchester unterstützt wurde, darunter *Movin' Wes*, *Bumpin* und *California Dreaming*. Während einige Kritiker Montgomerys offensichtlichen Wechsel vom Straight-Ahead-Jazz zu einer kommerzielleren Pop-Plattform beklagten, gab Montgomery den Jazz in seinen Verve-Jahren nie ganz auf, und Beweise sind auf Aufnahmen wie dem Live-Album *Smokin' at the Half Note* mit dem Wynton Kelly Trio von 1965 zu hören. Er nahm auch mit dem Jazzorganisten Jimmy Smith mehreren Alben auf, darunter *Jimmy & Wes: The Dynamic Duo* und *Further Adventures of Jimmy and Wes*.

Montgomery wurde auch eingeladen, sich der Gruppe des legendären Saxophonisten John Coltrane anzuschließen, wählte aber stattdessen die Fortsetzung seiner Soloarbeit. 1967 wurde Montgomery bei A&M Records unter Vertrag genommen und schien auf den lukrativeren Popmarkt umzusteigen, obwohl er während seiner Live-Auftritte weiterhin Hard-Bop-Jazz in kleinen Gruppen spielte. Auf den drei Alben, die während seiner A&M-Zeit (1967-68) veröffentlicht wurden, spielt Montgomery bekannte Popsongs wie Eleanor Rigby mit seiner charakteristischen Gitarrenoktavtechnik, um die Melodie wiederzugeben. Die A&M-Aufnahmen waren die kommerziell erfolgreichsten seiner Karriere, wenn auch nicht immer gut aufgenommen von Kritikern und Fans, die seine Riverside-Ära bevorzugten.

Am Morgen des 15. Juni 1968, als Montgomery zu Hause in Indianapolis war, brach er zusammen und starb innerhalb weniger Minuten an einem Herzinfarkt. Er war erst 45 Jahre alt. Montgomerys Heimatstadt Indianapolis benannte später einen Park zu seinen Ehren.

Wes gilt weithin als eine der größten Größen der Jazzgitarre und zeichnet sich durch seinen einzigartigen Ansatz aus, mit dem Daumen zu spielen und Oktaven- und Blockakkordpassagen in seinen Soli zu verwenden. Er ist auch einer der am meisten nachgeahmten Jazzgitarristen der Moderne.

Montgomery spielte am häufigsten eine Gibson L-5 CES Gitarre. In späteren Jahren spielte er eine von zwei L-5 CES-Gitarren, die Gibson speziell für ihn anfertigen ließ. Er benutzte harte Saiten für seine Gitarren. Zur Verstärkung verwendete er verschiedene Fender Super Reverbs, Standel Super Custom XVs und Twin Reverbs.

Empfohlenes Audiomaterial

The Incredible Jazz Guitar of Wes Montgomery

Smokin' at the Half Note

The Wes Montgomery Trio

Wes Montgomery war ein Meister des eigenständigen Melodiespiels und dieser einfach klingende Lick verdeutlicht wirklich seinen einzigartigen melodischen Ansatz. Eine Reihe von Viertelnoten-Triolen in den Takten zwei und drei zielen auf verschiedene Akkordtöne ab und erzeugen Spannung gegenüber den darunter liegenden Akkorden. In Takt zwei werden b7, #9 und #5 hervorgehoben und implizieren einen alterierten A7-Akkord. In Takt drei werden b7, 9 und 11. hervorgehoben. In Takt vier wird die 13. als Zielton gewählt, bevor die Melodie mit der 5. des Cmaj7-Akkords in Takt fünf endet.

Für maximale Authentizität versuche, dieses Beispiel mit dem Daumen im wahren Wes-Stil zu spielen.

Beispiel 6a

Oktavlinien waren ein wesentliches Merkmal von Wes' Spielstil. Beispiel 6b zeigt, wie er damit den Klang einer einzeiligen Melodie ausfüllt. Möglicherweise musst du die Tonleiter in Oktaven üben, um deinen Fluss zu entwickeln, bevor du dieses Beispiel versuchst.

Wie in Beispiel 6a wird Wert daraufgelegt, Akkordtöne auf starke Beats zu legen. Dieses Beispiel fügt einige chromatische Durchgangsnoten hinzu, die dazu beitragen, den Klang der Melodie stilistisch authentisch zu gestalten. Beachte die Verwendung von alterierten Tönen wie die #9 und b9, die über den G7-Akkord in Takt vier gespielt werden.

Beispiel 6b

Beispiel 6c kehrt zu Einzelnotenlinien zurück und enthält eine Mischung aus rhythmischen Ansätzen. Beginnend mit 1/8-Noten und 1/4-Noten-Triolen in Takt eins, sind längere Notendauern in den Takten zwei und drei vor der typischeren 1/8-Noten-Bop-Linie in Takt vier prominent.

Wes verwendete in seinem Spiel eine Vielzahl von rhythmischen Motiven. Hier werden sie mit mehr alterierten Tönen über den dominanten Sept-Akkorden kombiniert, besonders in Takt vier.

Nimm dir Zeit für diese Idee und studiere die verschiedenen rhythmischen Variationen. Wes war ein Meister der Jazz-Metrik und die Einstiegsphrase dieser Linie kann ziemlich locker hinter dem Beat gespielt werden. Es ist einfach, Phrasen mit mehreren Rhythmen und Verbindungen zu überstürzen, also gehe die Dinge zunächst langsam an.

Beispiel 6c

Nun kehren wir zu Oktaven und einer Linie mit ausgefallenen 1/8-Tönen zurück, die ihr Vorwärtsbewegung verleihen. In diesem Fall werden die Oktaven hauptsächlich auf den oberen E- und G-Saiten oder B- und D-Saiten gespielt, bevor im letzten Takt auf die G- und A-Saiten umgegriffen wird. Es gibt hier nichts allzu Technisches, es geht nur um das Feeling, also achte auf das Timing – vor allem für die 1/4-Triole in Takt drei auf den Beats 3 und 4.

Wes benutzte Akkorderweiterungen (9., 11. und 13.) viel in seinem Spiel. Du kannst dies in Takt drei sehen, wo die 9. gegen den Dm7-Akkord bei Beat 1 gespielt wird; ebenso in Takt vier, wo die 9. über den G7-Akkord gespielt wird. Die Linie endet mit der 3. und 5. des Cmaj7-Akkords.

Beispiel 6d

Das letzte Beispiel ist ein weiterer Lick in Oktaven. Es verwendet eine Reihe von Off-Beat 1/8-Noten-Rhythmen, also sei vorsichtig mit dem Zählen, um sicherzustellen, dass du sie genau spielst.

Die Linie beginnt mit einem chromatischen Ansatz eines Halbtons über der 5. des Cmaj7-Akkords. Wie in den vorangegangenen Beispielen wird der Schwerpunkt auf alterierte Töne gelegt – wie z.B. die b9 auf die dominanten 7. Akkorde in den Takten zwei und vier.

Alle Oktaven in diesem Lick werden auf den oberen E- und G-Saiten oder den B- und D-Saiten gespielt. Obwohl einige Spieler gerne einen Pick verwenden, wenn sie Oktaven spielen, nehmen viele Wes' Ansatz an und spielen sie mit dem Daumen. Letzteres gibt in der Regel einen wärmeren Jazzton.

Beispiel 6e

7. Barney Kessel

Barney Kessel wurde am 17. Oktober 1923 in Muskogee, Oklahoma, geboren. Seine musikalische Karriere begann er bereits als Teenager mit einer Tournee in lokalen Tanzbands. Im Alter von 16 Jahren spielte er bei einer in Oklahoma ansässigen Gruppe namens Hal Price & the Varsitonians. Bei seinen Bandkollegen wurde er liebevoll als „Fruitcake" bezeichnet, weil er fast ununterbrochen Gitarre übte, angeblich bis zu 16 Stunden am Tag. Zu Beginn seiner Karriere arbeitete er mit einer Reihe verschiedener Gruppen zusammen, darunter eine unter der Leitung von Chico Marx von den Marx Brothers.

1944 trat er neben Lester Young in dem Film *Jammin' the Blues* auf und nahm 1947 mit Charlie Parkers New Stars für Dial Records auf. Er erwarb sich schnell einen Ruf für seine musikalischen Fähigkeiten an der Gitarre und wurde zwischen 1947 und 1960 als Gitarrist Nr. 1 in den Umfragen der Zeitschriften *Esquire*, *Down Beat* und *Playboy* bewertet.

In den 1950er Jahren hatte Kessel eine Reihe von Alben mit dem Titel The Poll Winners mit dem Bassisten Ray Brown und der Schlagzeugerin Shelly Manne veröffentlicht. Kessel wurde für seine Gitarrenarbeit in einem Trio-Setting sehr geschätzt, auch wegen dieses Trios. Er war auch der gefeierte Gitarrist auf Julie Londons Album *Julie Is Her Name*, das 1955 veröffentlicht wurde. Der Track *Cry Me a River* von diesem Album (das ein großer kommerzieller Erfolg war), zeigt Kessel, wie er eine seiner typischen Akkord-Intropassagen spielt. Seine drei Kessel Plays Standards-Aufnahmen, die ebenfalls in den 1950er Jahren erschienen sind, beinhalten einige der besten Aufnahmen aus dieser Zeit seiner Karriere.

Kurz vor Herb Ellis war Kessel auch Mitglied im Trio des Pianisten Oscar Peterson. Er arbeitete ein Jahr lang mit Peterson und dem Bassisten Ray Brown zusammen, bevor er 1953 ausstieg. Gitarre spielen mit Peterson galt damals als einer der anspruchsvollsten Auftritte für jeden Gitarristen, aufgrund Petersons Vorliebe für schnelle Tempi. Kessel spielte und nahm auch in den späten 1950er Jahren mit Sonny Rollins auf.

1957 war Kessel so bekannt, dass ihm von der Kay Musical Instrument Company drei charakteristische Gitarrenmodelle angeboten wurden, und Anfang der 1960er Jahre brachte Gibson die Barney Kessel Modellgitarre auf den Markt, die bis 1973 produziert wurde. Kessel gewann regelmäßig Auszeichnungen für seine musikalische Leistung, darunter die Leserumfragen des Magazins *Down Beat* in den Jahren 1956, 1957 und 1958.

In den 1960er Jahren war Kessel ein First-Call-Session-Gitarrist bei Columbia Pictures und wurde zu einem der gefragtesten Aufnahmemusiker Amerikas. Er gilt weithin als Schlüsselmitglied der Gruppe der First-Call-Session-Musiker, die heute allgemein als The Wrecking Crew bezeichnet werden, die in den 1960er Jahren unzählige Hits spielten, oft ohne, dass ihre Namen auf den Alben, auf denen sie gespielt wurden, genannt waren.

In den 1970er Jahren engagierte sich Kessel zunehmend in der Musikerziehung und präsentierte seine sehr beliebte Seminarreihe „The Effective Guitarist" an verschiedenen Orten auf der ganzen Welt. Kessel spielte auch intensiv in einem Jazz-Trio mit den Gitarrenkollegen Herb Ellis und Charlie Byrd, die zusammen als The Great Guitars bekannt sind.

Sowohl als Leader als auch als Sideman nahm Kessel in seiner Karriere mehr als 60 Alben auf, vor allem mit den Labels Verve und Contemporary. Kessel war auch musikalischer Leiter von Bob Crosbys TV-Show, schrieb Songs und produzierte Platten für Ricky Nelson und spielte auf den Soundtracks von Spielfilmen wie *Cool Hand Luke*.

Kessel erlitt 1992 leider einen schweren Schlaganfall, der seine musikalische Karriere beendete. Am 6. Mai 2004 starb er im Alter von 80 Jahren zu Hause in San Diego an einem Hirntumor.

Kessel war nicht nur ein erfinderischer und melodischer Solist, sondern auch ein anerkannter Kenner der Jazz-Harmonie und ein besonders begabter Akkordmelodie-Spieler, wie man in vielen seiner Aufnahmen hören kann.

Kessel verwendete in seiner Karriere eine Reihe von Signature-Modellgitarren, darunter die Kay K1700, K6700 und K8700, die jeweils seine Signatur neben dem Kay-Logo tragen. Er benutzte auch eine Gibson ES-350 und sein Signature-Modell aus dem gleichen Hause. Er benutzte eine Vielzahl von Verstärkern, darunter den Gibson GA-50T und BR-3, und spielte auch eine Zeit lang über Polytone-Verstärker.

Empfohlenes Audiomaterial

Barney Kessel

Kessel Plays Standards Vol 2

The Artistry of Barney Kessel

Barney Kessels Akkordarbeit gehörte zu den besten seiner Generation und dieses erste Beispiel zeigt seinen Ansatz über eine I VI II V-Progression in der Tonart C-Dur. Kessel war ein Experte für Akkordsubstitution und Takt eins verwendet Am7-Voicings anstelle von Cmaj7.

In einem I VI II V-Pattern in C-Dur wäre der Akkord VI normalerweise Am7, den Jazzspieler in der Regel in einen Dominant-7 verwandeln. In Takt zwei wird eine Tritonus-Substitution (Eb9) anstelle von A7 verwendet. Takt drei kombiniert Dm7 und Fmaj7, wobei letzterer ein häufiger Ersatz für Dm7 ist.

Takt vier beinhaltet eine weitere Substitution über den G7-Akkord. Hier wird ein Fm7b5-Voicing verwendet, um den Klang von G7#5b9 anzudeuten. Der Lick endet mit einem Quarten-Vocing von Em7, das den Cmaj7-Akkord ersetzt.

All diese Substitutionen mögen kompliziert klingen, aber wenn du den Lick lernst, wirst du hören, wie effektiv sie sind. Ich schlage vor, die normalen Akkordwechsel ein paar Mal zu spielen, dann die Linie zu spielen und du wirst hören, wie die Substitutionen dazu dienen, die Standardakkorde zu verschönern.

Beispiel 7a

Beispiel 7b führt eine Reihe der von Kessel bevorzugten Akkordannäherungen zusammen. In Takt eins wird ein Cmaj7 Drop 2 Voicing auf Takt 2 gespielt, gefolgt von einer kurzen Serie von diatonischen dritten Intervallen, die zum A7#5 Akkord in Takt zwei führen. In Takt drei wird ein chromatischer Annäherungs-Akkord von Dbm7 auf dem Up-Beat von Beat 1 verwendet, um den Dm7-Akkord auf Beat 2 zu treffen, denn solche Annäherungs-Akkorde sind eine effektive Möglichkeit, deine Akkordsoli und Begleitmusik zu verbessern.

In Takt vier suggerieren zwei Fm7b5- Voicings wieder ein G7#5b9 darunter. Der letzte Takt enthält eine weitere Em7-Substitution über den Cmaj7-Akkord, die jedoch von einem Halbton unterhalb (Ebm7) aus angegangen wird. Der Lick endet mit einem Slide zwischen zwei Quarten-Voicings in C-Dur.

Du kannst diesen Lick Fingerstyle oder mit einem Pick spielen. Arbeite daran, die Akkordübergänge sanft zu gestalten und die Rhythmen nicht zu überstürzen.

Beispiel 7b

Kessels Einzelnoten-Spiel war so anspruchsvoll wie seine Akkordarbeit. Beispiel 7c zeigt seinen melodischen Ansatz über die I VI II V-Progression. Die Linie beginnt mit einem e-Moll-Dreiklang über dem Cmaj7-Akkord. In Takt zwei wird die D-Harmonische Moll-Skala über den A7#5-Akkord gespielt, was den Klang von A7#5b9 impliziert.

Jazzgitarristen neigen dazu, dominante Akkorde so zu behandeln, als wären sie V-Akkorde. Unsere Akkordfolge ist I VI II V (Cmaj7, A7#5, Dm7, G7), aber der A7#5-Akkord funktioniert als temporäres V7 (oft als sekundäre Dominante bezeichnet), so dass das Spielen einer d-Moll-Linie darüber sehr sinnvoll ist.

Takt drei enthält eine einfache Linie, die aus der a-Moll-Pentatonischen Skala gezogen wurde, gefolgt von einer kurzen Folge von Intervallen, die auf die 3., 9. und 9. des G7-Akkords abzielen. Beachte, wie diese Linie sich schließlich auf die dritte und große Septime des Cmaj7-Akkords auf Beat 1 des letzten Taktes auflöst. Der Lick endet wieder mit dem großen 7. Intervall, nur eine Oktave höher gespielt.

Für rhythmische Zwecke spiele diese Linie ganz gerade (nicht mit einem starken Swing), wie im Audiobeispiel gezeigt. Konzentriere dich auf dein Timing, denn es ist einfach, solche Linien zu überstürzen, die in einem langsameren Tempo gespielt werden.

Beispiel 7c

Beim nächsten Lick geht es um die sorgfältige rhythmische Platzierung der Akkordtöne. Zwei Doppelgriff-Intervalle führen in der dritten und fünften Tonstufe des Cmaj7-Akkords in Takt 1, Beat 1. In Takt 2, wird der A7-Akkord durch die Verwendung der Intervalle 3. und b9 auf Takt 1, dann 5. und 3. auf Takt 3 hervorgehoben, dieses zweistimmige Intervallmittel mit Akkordtönen setzt sich in Takt 3 über den Dm7-Akkord fort, aber die Akkordtöne sind nun b3. und der Grundton (Takt 1, Takt 3).

Eine kurze Serie von 5. Intervallen in Takt drei liefert einen gewissen melodischen Kontrast, bevor der Lick mit einer kurzen Skalensequenz in Takt vier endet. Die letzte 1/16. Note des Taktes vier verwendet eine chromatische Durchgangsnote (Eb), um auf den dritten (E) des Cmaj7-Akkords in Takt fünf abzuzielen.

Achte auf die Positionsverschiebungen und Slides in dieser Linie, insbesondere in den Takten eins und zwei. Höre dir das Audiobeispiel an und achte auf die leicht hinter dem Takt liegende Phrasierung, die dem Swing der Linie hilft.

Beispiel 7d

Wie bei so vielen Jazzgitarristen, die in einem Trio-Setting Erfahrung sammelten, mischte Kessel beim Solo-Sound Einzelnotenmelodien mit akkordischen Passagen. Beispiel 7e beginnt mit einer 1/16. Note aus der C-Dur-Skala, die mit dem Grundton und der 5. des A7-Akkords in Takt zwei endet. Beachte auch die Durchgangsnote (Ab) auf dem letzten Schlag von Takt eins.

Der Skalenansatz setzt sich mit einer d-harmonischen Moll-Linie fort, die über den A7-Akkord in Takt zwei gespielt wird. Takt drei zeigt ein kurzes rhythmisches Motiv, um Abwechslung zu schaffen. Der G7-Akkord in Takt vier wird zunächst von diatonischen Terz-Intervallen angegangen, bevor zwei verminderte 7-Akkorde auf den Beats 3 und 4 gespielt werden. Du kannst die gleiche Griffweise für beide Akkorde verwenden, um sie von der 6. bis 9. Position auf dem Griffbrett zu bewegen. Der Lick endet mit einem hohen Cmaj7-Voicing, das auf dem Up-Beat von Beat 1 im letzten Takt gespielt wird. Nochmals, spiele die Tonleitern in diesem Lick langsam.

Beispiel 7e

8. Jimmy Raney

James Elbert „Jimmy" Raney, der oft als „maßgeblich cooler Jazz-Gitarrist" bezeichnet wird, wurde am 20. August 1927 in Louisville, Kentucky, geboren. Raney erhielt seine erste Gitarre im Alter von 10 Jahren und studierte das Instrument zunächst bei A.J. Giancola, einem Lehrer für klassische Gitarre. Ein weiterer musikalischer Mentor, Hayden Causey, half Raney dabei, Jazzgitarre zu studieren und das Werk seines frühesten Gitarreneinflusses, Charlie Christian, zu erkunden.

Hayden Causey empfahl Raney 1944 auch der Jerry Wald Band. Jimmy trat der Wald-Band bei und blieb zwei Monate bei ihnen. Al Haig, der Pianist aus dieser Gruppe, wurde zu einem bedeutenden musikalischen Mentor für Raney und stellte ihm die wichtigsten Bebop-Spieler dieser Zeit vor, wie Charlie Parker, Bud Powell und Dizzy Gillespie. Raney begann, die Soli dieser Jazzmeister zu studieren, was ihm half, seinen einzigartigen Improvisationsstil zu entwickeln.

Raney begann seine professionelle musikalische Karriere mit einem seriösen Engagement in mehreren lokalen Gruppen in der Region Chicago. Dort arbeitete er bereits als Teenager als Gitarrist mit dem Max Miller Quartett, bevor er 1948 neun Monate bei Woody Herman verbrachte. Die Zusammenarbeit mit Woody Herman führte dazu, dass Raney mit einer Reihe anderer bekannter Jazzkünstler dieser Zeit zusammenarbeitete, wie Buddy DeFranco, Artie Shaw und unter anderem mit dem bereits erwähnten Al Haig.

Mit einem wachsenden Ruf als flüssiger und erfinderischer Bop-Solist löste Raney den Gitarristen Tal Farlow in der Red Norvo-Gruppe ab und arbeitete zwei Perioden lang mit dem Bandleader zusammen, die sich über die frühen 1950er Jahre erstreckten. Etwa zur gleichen Zeit erhielt er Anerkennung für seine Zusammenarbeit mit Stan Getz, und die meisten Kritiker betrachten diese musikalische Partnerschaft als eines seiner besten Werke.

Raney arbeitete etwa sechs Jahre (1954-1960) in einem Diners Club mit dem Pianisten Jimmy Lyon, bevor er 1962 wieder bei Stan Getz arbeitete. Trotz der hochkarätigen Arbeit mit vielen Jazzstars dieser Zeit hatte Raney eine Reihe von wachsenden gesundheitlichen und persönlichen Problemen (hauptsächlich Alkoholismus) und 1967 hatte er seinen Hauptsitz in New York City verlassen, um nach Louisville zurückzukehren.

Raney kehrte nach einer mehrjährigen Pause in den frühen 1970er Jahren zur Musik zurück und begann wieder, Alben aufzunehmen. 1975 veröffentlichte er mit dem Bassisten Sam Jones und dem Schlagzeuger Billy Higgins auf dem Label Xanadu ein Trio-Album mit Standards (*The Influence*). 1976 veröffentlichte er auf dem gleichen Label ein weiteres Album mit Overdubbed-Gitarrenduetten, die er selbst spielte. Das 1979 erschienene Album *Duets* war eine Zusammenarbeit mit seinem damals 22-jährigen Sohn Doug Raney, der zwar deutlich von seinem Vater beeinflusst wurde, sich aber bei der Aufnahme selbst als nicht zu verachtender Jazzgitarrist herausstellte. Die Zusammenarbeit der beiden wurde bis in die 1980er Jahre und wieder Anfang der 1990er Jahre fortgesetzt.

Eine wenig bekannte Tatsache über Raney ist, dass er viele Jahre lang an der Menière-Krankheit litt, einer degenerativen Erkrankung, die zu einer erheblichen Taubheit auf beiden Ohren führte. Trotzdem hielt ihn die Bedingung nicht davon ab, zu spielen.

Jimmy Raney starb am 10. Mai 1995 in Louisville an Herzversagen. Ein passender Nachruf in der *New York Times* nannte ihn „einen der begabtesten und einflussreichsten Nachkriegs-Jazzgitarristen der Welt".

Jimmy Raney's Spielstil war hornartig und seine exquisiten Bebop-Linien waren immer fließend ausgeführt und voller Swing. Technik verdrängte bei Raney niemals den musikalischen Geschmack und er ist einer der melodischsten Solisten seiner Generation.

Raneys Auswahl an Musikinstrumenten blieb während seiner Karriere weitgehend unverändert. In den 1970er Jahren spielte er hauptsächlich auf einer Gibson ES-175 über Solid-State Polytone Amps. Auf seiner *Live in Tokyo* Platte 1976 spielte er auf der Gibson L7 seines Sohnes Doug mit einem Yamaha-Verstärker.

Empfohlenes Audiomaterial

Live in Tokio 1976

Nardis (Jimmy und Doug Raney)

But Beautiful

Jimmy Raneys Soli waren durchweg erfinderisch und melodisch, und Beispiel 8a zeigt seine charakteristische Herangehensweise an die ersten Takte eines beliebten Jazzstandards. Takt eins beginnt mit einer kurzen 1/8-Notenlinie, die auf die 9. des Cm7 bei Beat 3 abzielt, bevor sie sich in Takt zwei auf der großen Terz des F7-Akkords auflöst.

Takt zwei enthält einige klassische Bebop-Vokabeln. Ab Beat 3 wird eine F-erweiterter Dreiklang verwendet, um den folgenden Bbmaj7-Akkord aufzulösen. Du wirst diese Idee häufig in Jazzgitarrensoli hören.

In Takt vier führt eine kurze 1/8tel Notenlinie aus der B-Dur-Skala in die Moll II - V Akkorde in den Takten fünf und sechs, wo die Linie mit einer #9 auf dem Up-Beat von Beat 2 endet.

Dies ist ziemlich einfaches melodisches Denken, aber es ist ein sehr effektiver Ansatz über schnelle Akkordwechsel. Wie immer, spiele diese Linie erst langsam durch, bevor du schneller wirst,

Beispiel 8a

Diese lange Bop-Linie demonstriert Raneys Fähigkeit, repetitive Rhythmen mit großer Wirkung zu nutzen. Takt eins hat eine typische Raney-Stil-Linie über dem Cm7-Akkord in Takt eins. Die Linie zielt dann ab auf die große Terz des F7-Akkords auf dem Down-Beat von Takt zwei. Das verdoppelte 1/8-Ton-Motiv setzt sich durch die nächsten beiden Takte fort, bevor es auf der b5. Tonstufe des Am7b5-Akkords auf Beat 1 des letzten Taktes ankommt.

Wenn du dein eigenes Spiel in Betracht ziehst, denke darüber nach, wie einfache rhythmische Motive wie diese deine Skala zu etwas Fesselndem für den Hörer machen können. Ziel ist es, starke Akkordtöne auf den Down-Beats zu betonen (wie in den Takten drei und vier, in diesem Fall die 3. der beiden Akkorde Bbmaj7 und Ebmaj7).

Beispiel 8b

Cm7	F7	Bbmaj7	Ebmaj7	A∅
8–10–11 8–10–1110-8 11	10–8 10–8–7–8–10–10	7–7–5–5 8–8–7–7	5–5 8–8–6–6–5–5	6

Beispiel 8c verwendet eine weitere gängige Bebop-Technik zur Kombination von Arpeggios. Takt eins beginnt mit einem Cm7-Arpeggio bei den Schlägen 1 und 2, mit einem A-verminderten Arpeggio bei den Schlägen 3 und 4. Takt zwei beginnt mit einer chromatischen Durchgangsnote, bevor er die b9 und #9 auf Beat 3 ausrichtet und sich auf die große Terz des Bbma7-Akkords auflöst.

Die Takte drei und vier bringen rhythmische Vielfalt und Raum. Dies gibt der Linie etwas „Luft" nach dem Aufruhr der 1/8-Töne. (Ein guter Tipp, wenn du deine eigenen Linien erstellst, ist es, zwischen den Phrasen einen „Atemzug" zu machen. Das Singen der Linien unterstützt diesen Prozess).

Der Lick endet mit einer dreiteiligen Figur aus der G-Harmonischen Moll-Skala – einer beliebten Skalenwahl für den in dieser Melodie auftretenden Akkordwechsel Am7b5 zu D7b9.

Beispiel 8c

Cm7	F7	Bbmaj7	Ebmaj7	A∅
12–8 10–8–7–10 8–11	10–9–8–10–7–9–7–6 8	7 5–7–8	7 6 5–8–5 6	5 7

Raney verwendete oft einfache, wiederholte melodische Motive mit großer Wirkung und Beispiel 8d ist ein gutes Beispiel dafür, wie weniger mehr sein kann. Melodische Anwendungen wie diese helfen bei der Entwicklung der Phrasierung und sind eine willkommene Abwechslung zu durchgehenden 1/8-Notenlinien.

Anstatt mit dem Down-Beat von Takt eins zu beginnen, wird dieses Motiv der 1/16. Note in jedem Takt auf Beat 2 gespielt. Versuche, deinen ersten und zweiten Finger für die hier erforderliche Kombination von Hammer-On/Pull-Offs zu verwenden.

In Takt vier kehrt die Zeile zu 1/8tel Noten zurück, wobei eine kurze Skalensequenz aus der B-Dur-Skala entnommen wird, bevor der letzte Takt mit einer einfachen Drei-Noten-Figur vollendet wird. Beachte den rhythmischen und melodischen Kontrast zwischen den ersten drei Takten und den letzten beiden in diesem Lick. Das Ausbalancieren solcher rhythmischen und melodischen Phrasen hilft, eine gute Erzählung in deinem Solo zu schaffen.

Beispiel 8d

Beispiel 8e verwendet intensiv rhythmische Bindungen (sowohl innerhalb als auch außerhalb der Taktlinien). Trotz der Verwendung von 1/8-Tönen in diesem Lick hilft das Hinzufügen der Bindebögen, viel Vorwärtsbewegung zu erzeugen. Wenn du die gebundenen Noten untersuchst, wirst du sehen, dass es sich um starke Akkordtöne handelt.

In den Takten vier und fünf setzen sich die rhythmischen Bindungen fort und bewegen sich von der Hb-Dur-Skala zur G-Harmonischen Moll-Skala im letzten Takt. Stelle sicher, dass du jeder rhythmischen Bindung ihren vollen Wert gibst und dich auf das Audiomaterial beziehst, um das Timing genau zu bestimmen.

Beispiel 8e

9. Joe Pass

Joseph Anthony Jacobi Passalaqua wurde am 13. Januar 1929 in New Brunswick, New Jersey, geboren. Er war der Sohn von Mariano Passalaqua, einem sizilianischen eingewanderten Stahlarbeiter und wuchs in Johnstown, Pennsylvania, auf. Pass erhielt sein erstes Instrument (eine Harmony-Modellgitarre, die 17 Dollar kostete) an seinem 9. Geburtstag. Pass' Vater erkannte schnell, dass sein Sohn ein seltenes musikalisches Talent hatte und ermutigte ihn ständig, Lieder nach Gehör zu lernen und Stücke zu spielen, die nicht speziell für die Gitarre geschrieben wurden, neben dem Erlernen verschiedener Tonleitern und Arpeggien. Er ermutigte ihn auch, um die grundlegenden Melodienoten von Songs zu improvisieren.

Mit nur 14 Jahren begann Pass, lokale Auftritte zu bekommen und spielte mit Gruppen unter der Leitung von Tony Pastor und Charlie Barnet, wobei er stetig seine Gitarrenkompetenz und sein Verständnis für die Anforderungen des Musikgeschäfts entwickelte. Pass begann bald mit kleinen Jazz-Ensembles zu touren und entschied sich schließlich, von Pennsylvania in die aktivere Musikszene in New York City zu wechseln.

Einige Jahre nach seiner Karriere entwickelte er eine schwere Heroinabhängigkeit und verbrachte in der Folge einen Großteil der 1950er Jahre im Gefängnis, weg von der Musik. Glücklicherweise gelang es ihm, seine Sucht zu überwinden, nachdem er etwas mehr als zwei Jahre in einem Rehabilitationsprogramm verbracht hatte. Nachdem er sich von seiner Drogensucht erholt hatte, nahm er 1962 *Sounds of Synanon* auf, und zu dieser Zeit erhielt er eine Gibson ES-175 Gitarre als Geschenk, mit der er viele Jahre lang tourte und aufnahm.

Pass nahm in den 1960er Jahren eine Reihe von Alben für das Pacific Jazz Label auf, darunter *Catch Me*, *12-String Guitar*, *For Django* und *Simplicity*. 1963 wurde er mit dem New Star Award des *Down Beat* Magazins ausgezeichnet. Pass trug auch bei Pacific Jazz zu Aufnahmen von Gerald Wilson, Bud Shank und Les McCann bei. Viel von Pass' Arbeit in den 1960er Jahren war jedoch Fernseh- und Sessionarbeit in Los Angeles, wo er unter anderem in der *Tonight Show*, *The Merv Griffin Show* und *The Steve Allen Show* arbeitete. Ende des Jahrzehnts arbeitete Pass auch als Sideman für viele bekannte Jazzkünstler wie Frank Sinatra, Sarah Vaughan und Louis Bellson.

Anfang der 70er Jahre traten Pass und sein Mitstreiter Herb Ellis regelmäßig in Donte's Jazzclub in Los Angeles auf, was zur ersten Aufnahme bei dem neuen Concord Jazz Label führte. Pass engagierte sich in dieser Zeit auch in der Jazzausbildung durch die Kooperation an mehreren Jazzgitarrenbüchern, darunter das angesehene *Joe Pass Guitar Style* (geschrieben mit Bill Thrasher).

Pass wurde 1970 bei Norman Granz' neuem Label Pablo Records unter Vertrag genommen und 1974 veröffentlichte Pass sein wegweisendes Solo-Gitarrenalbum *Virtuoso* auf dem gleichen Label. Im selben Jahr veröffentlichte Pablo Records das Album *The Trio* mit Pass, Pianist Oscar Peterson und Bassist Niels-Henning Ørsted Pedersen. In den 1970er und 1980er Jahren trat er mit diesem Trio mehrmals auf, und die Gruppe erhielt 1975 einen Grammy für die beste Jazz-Performance.

Während seiner Arbeit bei Pablo Records arbeitete Pass auch mit der Sängerin Ella Fitzgerald zusammen, was zu einer langjährigen Zusammenarbeit für das Duo führte. Sie produzierten schließlich sechs Alben zusammen: *Take Love Easy* (1973), *Fitzgerald und Pass...Again* (1976), *Hamburg Duets - 1976* (1976), *Sophisticated Lady* (1975, 1983), *Speak Love* (1983) und *Easy Living* (1986).

Pass nahm bis Anfang der 90er Jahre weiterhin auf und trat bis zu seinem 65. Lebensjahr auf. 1994 verstarb Pass an Leberkrebs in Los Angeles, Kalifornien.

Pass war ein Meister der Akkordmelodie und -begleitung und hatte die unheimliche Fähigkeit, endlose harmonische Variationen bekannter Songs und Jazzstandards zu kreieren. Er war auch ein außergewöhnlicher Single-Line Bop-Solist. Sein großes Wissen über Akkordinversionen und die Fähigkeit, improvisierte Basslinien und Kontrapunkte zu kreieren, ist in der Jazzwelt wohl einzigartig.

Pass spielte in seiner Karriere hauptsächlich ein Gibson ES-175 Modell, spielte aber auch einen Fender Jazzmaster, als er sich von seiner Drogenabhängigkeit erholte. Später spielte er auch Gitarren von D'Aquisto und Ibanez, die in den 1980er Jahren ein Signature-Modell für ihn herstellten.

Als Verstärker verwendete Pass im Allgemeinen einen Polytone, dessen Mini-Brute-Modell er oft wegen seines klaren Jazz-Tons bevorzugte.

Empfohlenes Audiomaterial

For Django

Intercontinental

Virtuoso

Joe Pass, der für seine unglaubliche Solo-Akkordmelodiearbeit sehr geschätzt wird, war auch ein ausgezeichneter Einzelnoten Bebop-Solist. Beispiel 9a zeigt seine Fähigkeit, vokalähnliche Melodien über gängige Jazz-Akkordfolgen wie die Sequenz I VI II V I zu spielen.

In Takt eins werden die 5. und der Grundton des Cmaj7-Akkords von Noten umschlossen, einen Skalenschritt höher und einen Halbton tiefer – gängig im Bebop. In Takt zwei wird die übermäßige Quinte des A7-Akkords kurz auf Beat 2 betont und dann auf die natürliche Quinte aufgelöst, um einen alterierten Dominant-Klang anzudeuten. In Takt drei wird die 5. des Dm7-Akkords für zwei Schläge gehalten, bevor eine Figur mit zwei Noten die b9 gegen die G7 im vorletzten Takt angeht. Bebop-Solisten betonen häufig 3. und b9-Intervalle über dominante 7-Akkorde.

Beim Spielen dieser Linie ist zu beachten, dass während des sanften Swings der Begleitinstrumente die ersten beiden Takte direkt gespielt werden, was eine schöne rhythmische Spannung erzeugt.

Beispiel 9a

Joe Pass verwendete in seinem Einzelnoten-Soli oft wiederholte melodisch-rhythmische Figuren, wie in Beispiel 9b dargestellt, das mit einer Serie von vier Motiven beginnt. Wenn du diese Linie spielst, achte darauf, dass du jedem Beat die richtige rhythmische Dauer gibst (eine Triole mit 1/16tel Note gefolgt von einer 1/8tel Note). Höre das Audiobeispiel, um das genaue Timing zu verstehen.

In Takt zwei geht der 1/16-Triolen-Ansatz weiter, aber nur bis zum Beat 2, wenn normale 1/16-Takte verwendet werden. Takt drei ist bewusst spärlich, als Kontrast zu den geschäftigen Rhythmen der vorherigen Takte. In Takt vier mit einer langen 1/16-Notenpassage nimmt das rhythmische Tempo wieder zu. Diese Linie ist aus der G alterierten Skala (Modus VII der Ab Melodisch Moll) aufgebaut. Auch bekannt als der Superlokrische Modus, wird er von Bebop-Spielern gerne benutzt, um über dominante 7-Akkorde zu spielen. Die Linie endet mit der großen Terz von Cmaj7 auf Beat 1 des letzten Taktes.

Beispiel 9b

Keine musikalische Auseinandersetzung im Stil von Joe Pass wäre ohne eine Akkordmelodie komplett, so zeigt Beispiel 9c, wie er oft alternative Akkorde über die ursprüngliche Harmonie gelegt hat. Wie die meisten Jazzmusiker hielt sich Pass selten an die ursprünglichen Akkordwechsel und verwendete eine Vielzahl von Substitutionen.

In Takt eins werden zwei Quarten-Voicings auf den Beats 1 und 2 gespielt, bevor ein konventioneller Cmaj7-Akkord auf Beat 3 gespielt wird, während ein Quarten-Voicing für Em7 auf Beat 4 gespielt wird – ein üblicher Ersatz für Cmaj7.

Die Akkordsubstitutionen setzen sich in Takt zwei fort, wobei Eb9, A7#5, A7#5#9 und Gm7b5 Voicings über den A7-Akkord gelegt werden. In der Tat sind sie alle alterierte Versionen von A7.

Takt drei beginnt mit einem Slide in ein Quarten-Voicing von Dm7. Eine einfache zweistimmige Phrase führt zu einem Dm9-Voicing am 10. Bund. Bei Beat 4 ersetzt ein Fmaj7-Voicing Dm7. Der vorletzte Takt ersetzt eine Fm7b5-Voicing für den G7-Akkord und die Linie endet mit einem substituierten Em7-Akkord.

Es gibt eine Fülle von harmonischen Informationen in diesem Beispiel, also arbeite dich zunächst langsam durch, um zu verstehen, wie und warum die Substitutionen verwendet werden.

Beispiel 9c

Dieses Akkordmelodie-Beispiel beginnt mit einem slidenden Intervallansatz in 1/8-Noten, bei dem das Cmaj7-Voicing auf Beat 3 und das Quarten-Vocing auf Beat 4 vorbereitet werden. Pass verwendete Quarten-Voicings oft, um die Grundharmonie einer Komposition zu bereichern. In Takt zwei werden weitere Substitutionen mit einem Gm7b5, Eb9 und zwei verminderten 7-Akkorden verwendet. Jedes dieser Elemente bietet eine andere Spannung und Veränderung gegenüber dem A7-Akkord.

In Takt drei wird eine gewisse rhythmische Vielfalt durch einen ausgefallenen Rhythmus bei Beat 2 hinzugefügt, in Takt vier ersetzt das gleiche Fm7b5-Voicing, das in früheren Beispielen verwendet wurde, G7. Die Linien enden mit einem Em7-Voicing, das über dem Cmaj7-Akkord gespielt wird.

Beispiel 9d

Das letzte Beispiel zeigt eine lange Linie, die hauptsächlich aus 1/16-tel Noten besteht. Eine doppelte chromatische Figur (zwei aufeinanderfolgende Halbtöne) beginnt die Linie vor einem langen chromatischen Aufstieg zum Anfang von Takt drei. Über den A7-Akkord werden Intervall-Sequenzen gespielt, die alle von der A-Ganzton-Skala abgeleitet sind (eine weitere Improvisationsart, die Joe Pass für dominante 7-Akkorde verwendete).

In Takt drei suggeriert ein Fmaj7-Arpeggio auf Beat 2 und 3 den Klang eines Dm9-Akkords. Der vorletzte Takt verwendet alterierte (chromatische) Töne in 1/16-Noten gegen den G7-Akkord, einschließlich der #5, b9 und #9. Die Linie endet mit einem Oktavsprung auf die große Terz des Cmaj7-Akkords. Nimm dir Zeit, die Linie in kleinen Abschnitten zu lernen, bevor du alles zusammensetzt und auf Tempo bringst.

Beispiel 9e

10. Jim Hall

James Stanley Hall wurde am 4. Dezember 1930 in Buffalo, New York, geboren und stammte aus einem musikalischen Haushalt, wobei seine Mutter, sein Großvater und sein Onkel alle Musiker waren. Hall begann im Alter von 10 Jahren mit dem Gitarre spielen, als seine Mutter ihm zu Weihnachten ein Instrument schenkte. Wie viele Jazzgitarristen seiner Generation war Halls erster Einfluss der legendäre Charlie Christian, aber später war er von Hornisten wie Coleman Hawkins und Lester Young fasziniert.

Zu seinen Teenagerjahren hatte Hall mehrere Jahre in Cleveland, Ohio, gelebt und trat bereits mit lokalen Gruppen auf. Mitte 20 entschied er sich, Musik zu studieren und trat in das Cleveland Institute of Music ein, um Komposition zu studieren und zusätzlichen Unterricht in Bass und Klavier zu erhalten. Später zog er nach Los Angeles und setzte sein Studium fort, indem er klassischen Gitarrenunterricht bei Vincente Gomez nahm.

1956 schloss sich Hall Chico Hamiltons Quintett an und seine Karriere begann professionell Gestalt anzunehmen. In den 1950er Jahren arbeitete er auch mit den Jimmy Giuffre Three zusammen und lehrte an der Lennox School of Jazz. 1959 arbeitete er mit vielen der Top-Namen der Jazz-Welt zusammen und arbeitete in den nächsten Jahren mit Künstlern wie Bill Evans, Paul Desmond, Lee Konitz, Sonny Rollins und Ella Fitzgerald.

Anfang der 1960er Jahre war Hall in New York ansässig und hatte eine Gruppe mit dem Bassisten Ron Carter und dem Pianisten Tommy Flanagan gebildet (das Trio wurde später durch Red Mitchell ergänzt). Er arbeitete auch in der Hausband der Merv Griffin TV Show, neben Musikern wie Bob Brookmeyer und Art Davis. Zu dieser Zeit war Hall als nachdenklicher und motivierter Jazz-Solist mit sich schnell entwickelnden kompositorischen und Arrangier-Fähigkeiten bekannt.

In den 1970er Jahren war Jim Hall eine feste Größe in der Jazzwelt und arbeitete nicht nur mit Jazzmusikern, sondern auch mit klassischen Musikern wie dem Geiger Itzhak Perlman. Sein 1975er Album mit Don Thompson und Terry Clarke (*Jim Hall Live*) gilt als eine seiner besten Aufnahmen, ebenso wie seine Duett-Aufnahmen mit dem Pianisten Bill Evans und dem Bassisten Ron Carter.

Hall nahm in den 1980er und 1990er Jahren weiterhin mit einer Vielzahl von Gruppen auf, tourte mit verschiedenen Bands und trat auch als eingeladener Solist mit Künstlern wie Michel Petrucciani und Wayne Shorter auf. Hall veranstaltete 1990 das JVC Jazz Festival in New York und wurde 1997 von dem New York Jazz Critics Award als Best Composer/Arranger ausgezeichnet. Seine musikalische Zusammenarbeit in dieser Zeit umfasste die Arbeit mit dem Saxophonisten Joe Lovano sowie Duette mit dem Gitarristen Pat Metheny (ein langjähriger Bewunderer von Halls Spiel).

In Anerkennung seiner langen Karriere und seines Beitrags zur Jazzmusik erhielt Hall 1995 die Ehrendoktorwürde der Musikhochschule Berklee. Seine letzte Orchesterkomposition war ein Konzert für Gitarre und Orchester, das im Juni 2004 mit dem Baltimore Symphony Orchestra uraufgeführt wurde. Im November 2008 erschien das Doppelalbum *Hemispheres* mit dem Gitarrenkollegen und ehemaligen Studenten Bill Frisell.

Bis Anfang der 80er Jahre trat Hall weiterhin regelmäßig in New Yorker Clubs und Jazz-Festivals in den USA und Europa auf. Jim Hall starb 2013, nur sechs Tage nach seinem 83. Geburtstag, im Schlaf in seiner Wohnung in New York.

Als ausdrucksstarker Solist und ebenso erfahrener Begleiter stellte Halls Spiel für viele Musiker den nächsten evolutionären Schritt in der Entwicklung der Jazzgitarre nach den Spielern der Bop-Ära dar. Sein Einfluss wird von vielen zeitgenössischen Jazzern wie John Scofield, Mike Stern, Mick Goodrick und Pat Metheny anerkannt.

In den frühen Phasen seiner Karriere verwendete Hall eine Gibson Les Paul Custom, wird aber am ehesten mit der Gibson ES-175 in Verbindung gebracht. Er verwendete dieses Modell zunächst mit einem einzelnen P90 (Single Coil) Pickup und später mit einem Humbucker-Tonabnehmer. Er benutzte auch eine Custom D'Aquisto-Gitarre.

Für die Verstärkung verwendete Hall eine Zeit lang einen Gibson GA50-Verstärker, bevor er auf Solid-State-Combos wie Polytone und Walter Woods-Verstärker umstieg. Obwohl er Effekte generell vermied, war Hall dafür bekannt, gelegentlich ein Boss-Chorus-Pedal zu benutzen.

Empfohlenes Audiomaterial

Jim Hall Live

Alone Together (Jim Hall/Ron Carter)

Undercurrent (Jim Hall/Bill Evans)

Jim Hall war ein Meister der melodischen Phrasierung und verwendete in seinen Soli oft einfache Motive mit großer Wirkung. Basierend auf den Akkordwechseln zu einem bekannten Jazzstandard (hier im 3/4-Takt gespielt), achte in diesem ersten Beispiel darauf, wie raffinierte Phrasierungen ein Solo komplett verändern können.

In den Takten eins und zwei wird ein dreiteiliges melodisches Motiv über die Taktlinie gespielt, um die Vorwärtsbewegung zu unterstützen. Die Nutzung von Raum (Pausen) ist hier entscheidend, da sie der Melodie etwas „Luft" verleiht.

In Takt drei helfen unkonventionelle 1/8-Noten-Rhythmen, Synkopen hinzuzufügen, bevor sie zu normalen 1/4-Noten in Takt vier zurückkehren. In Takt sechs hilft eine kurze Phrase mit fünf Noten, die Terz des Cmaj7-Akkords in Takt sieben anzuvisieren. Weitere Off-Beat-1/8-Töne führen in den Skalenlauf in Takt acht, der mit der kleinen Terz (b3) des letzten Cmin7-Akkords endet.

Beachte beim Spielen dieser Linie, dass jeder Takt einen anderen Rhythmus hat, aber trotzdem melodisch und rhythmisch verbunden klingt.

Beispiel 10a

Rhythmischere und melodischere Motive finden sich in Beispiel 10b. Die Linie beginnt mit einem f-Moll-Arpeggio. Beachte hier die rhythmische Synkopierung: eine 1/8 Note gefolgt von zwei 1/4 Noten, dann eine weitere 1/8 Note. Hall betonte Akkordtöne auf den Down-Beats der einzelnen Takte.

In den Takten vier und fünf wird die rhythmische Phrase aus Takt eins wiederholt, bevor eine 1/8-Triole auf Beat 3 in Takt sechs erscheint. Die Takte sieben und acht basieren auf der C-Dur-Skala und werden mit aufeinanderfolgenden 1/8-Tönen gespielt, bis sich die Tonart im letzten Takt ändert. Es gibt nichts übermäßig Technisches an diesem Lick, aber stelle sicher, dass du die synkopierten Rhythmen in den Takten eins, vier und fünf genau spielst.

Beispiel 10b

Das nächste Beispiel für Halls Stil sieht auf dem Papier einfach aus, aber seine Konstruktion ist clever und anspruchsvoll. Die Linie verwendet hauptsächlich Akkordtöne, aber die rhythmische Phrasierung macht es interessant. Schau dir die Rhythmen in den Takten zwei und drei an, verglichen mit den anderen Rhythmen, die in diesem Lick verwendet werden. Du wirst sehen, dass die punktierten 1/4-Noten, die in diesen beiden Takten verwendet werden, den Takt genau in zwei Hälften teilen.

Dies ist eine beliebte rhythmische Art und Weise, die von Jim Hall (und vielen anderen Jazzspielern) verwendet wird, um ein gleichmäßiges Zeitgefühl (das Spielen in 2) über eine 3/4 Taktart zu erzeugen. Hör dir das Audiobeispiel an, um den Rhythmus und seine Wirkung gegen die Taktart zu verstehen.

Beispiel 10c

Jim Hall nutzte in seinem Spiel oft Intervalle einer diatonischen Sekunde, um eine melodische Spannung gegen die Harmonie zu erzeugen. Zuerst können sie dissonant klingen, können aber eine effektives Solo-Zutat sein, wenn sie sparsam mit einer starken rhythmischen Konstruktion eingesetzt werden. Die ersten 4 Takte von Beispiel 10d veranschaulichen den Ansatz.

Im Gegensatz dazu sieht der Rest dieses Licks spärlich aus, verwendet aber den punktierten 1/4-Noten-Rhythmus wie im vorherigen Beispiel. Beachte die Verwendung des b9 Intervalls gegen den G7-Akkord bei Beat 1 von Takt sechs, was einen G7b9-Akkord impliziert, der schön zum Cmaj7-Akkord in Takt sieben führt.

Beispiel 10d

Viele Jazzer verwenden Doppelgriffe in ihrem Spiel und Jim Hall war da keine Ausnahme. Dieser letzte Lick verwendet einige Doppelgriffe, die in Jimi Hendrix' Rhythmusgitarrenspiel nicht fehl am Platz wären, aber ebenso gut in einer straighten Jazzumgebung funktionieren. Beginnend in Takt eins, hebt eine Reihe von Double Stops Akkordtöne der ersten vier Akkorde hervor, bis hin zur kurzen Bop-Phrase in Takt fünf über dem Dbmaj7-Akkord. Die Double Stops kehren in Takt sieben zurück. Beachte, wie sich die hier verwendeten Intervalle zwischen den verschiedenen Double Stops etwas ändern, um Kontrast zu erzeugen.

Dieses Beispiel zeigt, wie einfache Intervalle und Motive dir helfen können, mit deinem Solo eine Geschichte zu erzählen. Du musst nicht immer lange Läufe von 1/8- und 1/16-Noten spielen.

Beispiel 10e

11. Kenny Burrell

Kenneth Earl Burrell wurde am 31. Juli 1931 in Detroit, Michigan, geboren. Er begann im Alter von 12 Jahren mit dem Gitarre spielen, unterstützt von seinen Eltern, die beide Musiker waren (seine Mutter spielte Klavier und sang und sein Vater spielte Banjo und Ukulele). Burrell wurde zunächst sowohl von Blues- als auch von Jazzkünstlern wie T-Bone Walker, Muddy Waters, Charlie Christian und Django Reinhardt beeinflusst. Er begann seine musikalische Karriere mit Auftritten rund um die Detroiter Jazz- und Blues-Szene und arbeitete mit einer Vielzahl von Musikern zusammen, darunter dem Pianisten Tommy Flanagan und dem Saxophonisten Pepper Adams.

Während seines Vollzeitstudiums an der Wayne State University debütierte er 1951 als Mitglied von Dizzy Gillespies Sextett, gefolgt von der Single *Rose of Tangier/Ground Round,* die unter seinem eigenen Namen bei Fortune Records in Detroit aufgenommen wurde. Burrell gründete das Kollektiv der New World Music Society während seiner Studienzeit mit den Detroiter Musikern Pepper Adams, Donald Byrd, Elvin Jones und Yusef Lateef. Burrell studierte auch privat bei dem klassischen Gitarristen Joe Fava. Nach seinem Abschluss an der Wayne State mit einem B.A. in Musikkomposition und -theorie im Jahr 1955 tourte Burrell mit dem Pianisten Oscar Peterson und zog dann 1956 zusammen mit Tommy Flanagan nach New York.

Innerhalb weniger Monate nach seiner Ankunft in New York hatte Burrell sein erstes Album als Leader für das Label Blue Note aufgenommen und sowohl er als auch Flanagan wurden zu hochangesehenen und gefragten Sidemen und Studiomusikern. In den nächsten Jahren arbeitete Burrell mit vielen Künstlern zusammen, darunter Tony Bennett, Lena Horne, Billie Holiday und Jimmy Smith. Von 1957 bis 1959 spielte Burrell auch mit der Band von Benny Goodman.

Burrell nahm in den 1960er und 70er Jahren weiterhin auf und trat intensiv auf. Besonders bemerkenswerte Alben sind *The Cats* mit John Coltrane 1957, *Midnight Blue* mit Stanley Turrentine 1963 und *Guitar Forms* mit dem legendären Jazz-Arrangeur Gil Evans 1965. 1978 begann Burrell, an der UCLA einen Jazzmusikkurs namens Ellingtonia zu unterrichten, der sich auf das Leben und Werk des großen Jazzkomponisten Duke Ellington konzentrierte. Die beiden Musiker schafften es nie, direkt miteinander zu arbeiten, aber Ellington respektierte Burrells spielerisches Können und bezeichnete ihn als seinen Lieblings-Jazzgitarristen. Burrell nahm anschließend eine Reihe von Tributes und Interpretationen von Ellingtons Musik auf.

Burrell spielte, nahm auf, unterrichtete in den 1980er und 1990er Jahren weiter und veröffentlichte mehrere von der Kritik gut aufgenommene Alben, darunter *Guiding Spirit* (1989), *Sunup to Sundown* (1991), *Collaboration* (1994 mit dem Pianisten LaMont Johnson) und *Primal Blue* von 1995.

Seit 1996 ist Kenny Burrell Direktor für Jazzstudien an der UCLA (er hat das Programm auch gegründet) und betreut eine Reihe namhafter Alumni wie Gretchen Parlato und Kamasi Washington. Er hat mehrere Jazz-Umfragen in Japan und Großbritannien gewonnen. Burrell schrieb, arrangierte und spielte auch auf dem 1998 mit dem Grammy Award ausgezeichneten Album *Dear Ella* von Dee Dee Bridgewater. Im Jahr 2004 erhielt er den Jazz Educator of the Year Award von *Down Beat* und wurde 2005 zum NEA Jazz Master ernannt.

Im Jahr 2015 veröffentlichte Burrell ein neues Album mit dem Titel *The Road to Love*, das im Catalina's Jazz Club in Hollywood live aufgenommen wurde. Es folgte 2016 ein weiteres Live-Album vom selben Ort, wo Burrell vom Los Angeles Jazz Orchestra begleitet wurde.

Burrells Spiel zeichnet sich durch eine einzigartige Kombination aus Blues, Bebop und klassischer Gitarre aus. Er wechselt mit großer Leichtigkeit zwischen satten Akkord-Passagen und swingenden, bluesbasierten Bop-Lines und ist ein hochsensibler Begleiter sowie ein erfinderischer Solist.

Burrell hat die meiste Zeit seiner Karriere Gibson-Gitarren verwendet, angefangen bei den Modellen ES-175, L-7 und L-5. Er ist jedoch am meisten mit dem Gibson Super 400 Modell verbunden und hat auch eine Signature-Modell Heritage Gitarre, die in der Konstruktion ähnlich der 400 ist. Als Verstärker verwendete er in den 1950er Jahren häufig einen Fender Deluxe Reverb und bevorzugte später Fender Twin Reverbs. Gelegentlich verwendet er auch Roland JC-120 und Polytone Verstärker.

Empfohlenes Audiomaterial

Midnight Blue

The Cats (mit John Coltrane)

Blue Bash (mit Jimmy Smith)

Kenny Burrell ist ein Meister des Jazz-Blues-Gitarrenspiels und Beispiel 11a demonstriert diese Fähigkeiten an einem einfachen Dreitakt-Vamp. Beginnend mit einem slidenden Doppelgriff auf dem Down-Beat von Takt eins, beachte die Verwendung von Stille vor der bluesigen 1/16-Noten-Kombination von Hammer-On und Pull-Off auf Beat 4.

Takt zwei verwendet ein melodisches Motiv, das der früheren Phrase folgt und abwechselnd 1/8-Noten, 1/16-Noten und 1/4-Noten vor einem weiteren Doppelgriff am Anfang des letzten Taktes verwendet. Die Doppelgriffe beenden die Linie auf den Schlägen 3 und 4.

Dieser ganze Lick basiert auf der F-Blues-Skala, aber der gekonnte Einsatz von Rhythmus macht ihn wirklich lebendig. Es ist einfach und effektiv, und dies ist eine Master Class, wie man einen Jazz Blues-Lick wirklich swingen lässt.

Beispiel 11a

Beispiel 11b zeigt einen weiteren klassischen Lick im Burrell-Stil mit einer beliebten Blues-Gitarren-Phrase. Die Doppelgriff-Figur in Takt eins (Beat 2) erfordert, dass du die Note auf der oberen E-Saite durchgehend klingen lässt, während du den Hammer-On / Pull-Off auf der B-Saite spielst. Versuche, die obere Saite mit dem dritten oder vierten Finger zu berühren, während du den ersten und zweiten Finger für die untere Saite verwendest.

Diese einfach klingende Phrase wird in Takt zwei noch einmal wiederholt, bevor der Lick mit einer weiteren bluesigen Hammer-On / Pull-Off-Phrase endet. Beachte, dass die Linie eine „vokale" Qualität hat. Du kannst großartige Jazz-Blues-Linien aus einfachen Phrasen erstellen.

Beispiel 11b

Beispiel 11c nutzt effektiv 1/8-Triolen in dem Eröffnungstakt, die alle auf der gewöhnlichen F-Blues-Skala-"Box" basieren. Stelle sicher, dass dein Timing hier gleichmäßig ist und sei nicht versucht, die Phrase zu überstürzen, da Burrell mit einem „Behind-the-beat"-Gefühl spielt. In Takt zwei beruhen die Rhythmen auf 1/8tel und einer 1/4 Note vor der bluesigen 1/16tel Hammer-On / Pull-Off Figur auf Beat 4.

Der letzte Takt endet mit einem Paar charakteristischer Burrell-Doppelgriffe. Es gibt hier nichts allzu Anspruchsvolles, aber es ist wichtig, die Phrase durchweg am Swingen zu halten. Versuche, diesen Lick mit einem Metronom zu üben, das auf die Beats 2 und 4 klickt, und du bekommst sofort das Swing-Gefühl.

Beispiel 11c

Die Verwendung eines wiederholten melodischen Motivs oder einer Phrase ist ein Markenzeichen von Burrells Gitarrenspiel und dieses Beispiel zeigt, wie man diesen Ansatz effektiv in einem Jazz Blues-Solo einsetzen kann. Ab Beat 3 von Takt 1 wird die schnelle Hammer-On / Pull-Off-Sequenz mit der F-Blues-Skala dreimal auf der oberen E-Saite wiederholt, bevor ein letzter 1/8-Triolenlauf den Lick zu Ende bringt.

Die rhythmische Platzierung solcher wiederholten Figuren ist ebenso wichtig wie die Wahl der Note. Beachte, dass das Motiv nicht sofort am Anfang des ersten Taktes beginnt, sondern auf Beat 3 kommt, so dass das Motiv über die Taktlinie zwischen dem ersten und zweiten Takt fällt. Licks wie diese zu lernen, wird wirklich helfen, deine Jazz-Phrasierung zu erweitern und zu entwickeln.

Beispiel 11d

Im letzten Kenny Burrell-Lick geht es wieder einmal um den effektiven Einsatz rhythmischer Platzierung und einen „weniger ist mehr"-Ansatz. Viele Noten zu spielen ist beim Solo spielen verlockend, kann aber für den Hörer anstrengend werden. Hör dir das Audio für dieses Beispiel an, um zu hören, wie effektiv eine Linie sein kann, wenn ihr Rhythmus sorgfältig konstruiert ist. Diese Linie könnte ohne die Doppelgriffe fast eine Gesangsphrase sein.

Die öffnenden hohen Doppelgriffe in den Takten eins und zwei sind rhythmisch recht weit auseinander platziert, klingen aber dennoch musikalisch. Ein Kontrast ergibt sich in Form der 1/8-Ton-Triolen, die ab Beat 4 in Takt 2 beginnen und weiter in Takt 3 gehen. Wenn du solche Linien in dein Spiel integrierst, wirst du melodisch klingen und das Publikum mit deinem Spiel begeistern.

Beispiel 11e

12. Grant Green

Grant Green wurde am 6. Juni 1935 in St. Louis, Missouri, geboren. Er war ein Einzelkind und es war sein Vater, der ihm seine erste Gitarre kaufte und ihn gleichzeitig in die Bluesmusik einführte. Green spielte in seinen frühen Jahren eine Reihe verschiedener Instrumente, darunter Schlagzeug und Ukulele, bevor er sich auf die Gitarre konzentrierte. Er war als Gitarrist überwiegend Autodidakt, obwohl er kurzzeitig Unterricht bei einem Spieler namens Forest Alcorn nahm. Seine ersten musikalischen Auftritte gab er im Alter von 13 Jahren, als Teil eines lokalen Gospel-Ensembles und in dieser Zeit interessierte er sich zunehmend für Jazzmusik aufgrund der Aufnahmen des Gitarristen Charlie Christian und insbesondere von Saxophonisten wie Charlie Parker.

Seine ersten kommerziellen Aufnahmen entstanden in St. Louis mit dem Tenorsaxophonisten Jimmy Forrest und dem legendären Jazzdrummer Elvin Jones für das United Plattenlabel. In den frühen 1960er Jahren entdeckte Lou Donaldson Green beim Spielen in einer Bar in St. Louis und begann mit ihm zu arbeiten. Kurz nach Beginn dieser Zusammenarbeit entschied sich Green 1959, von St. Louis nach New York zu ziehen.

Durch den Einfluss von Lou Donaldson wurde Green später Alfred Lion von Blue Note Records vorgestellt, und Lion arrangierte, dass er als Leader für das renommierte Label aufnahm, obwohl die Aufnahme nicht das Tageslicht erblickte, bis sie schließlich 2001 als Album *First Session* veröffentlicht wurde. Greens Aufnahmearbeit für Blue Note sollte sich als langlebig erweisen, und er blieb die meiste Zeit der 1960er Jahre beim Label und machte mehr Aufnahmen, sowohl als Sideman als auch als Leader, als jeder andere beim Label.

Greens erstes veröffentlichtes Album als Bandleader trug den Titel *Grant's First Stand* und wurde dicht gefolgt von den Aufnahmen *Green Street* und *Grantstand*. Mit seinem schnell wachsenden Ruf wurde Grant 1962 in der Umfrage der *Down Beat*-Kritiker zum besten aufstrebenden Star gewählt. Nachdem er bei Blue Note unterschrieb, nahm er auch mit anderen Künstlern des Labels wie Hank Mobley und Stanley Turrentine auf. Zwei seiner Alben aus der Mitte der 1960er Jahre, *Idle Moments* (1963, mit Joe Henderson und Bobby Hutcherson) und *Solid* (1964), werden oft zu den besten Aufnahmen von Green gezählt.

1966 verließ Green das Blue Note Label (hauptsächlich wegen schlechter Erträge) und begann mit der Aufnahme für andere Labels, darunter Verve. Leider waren die folgenden zwei Jahre aufgrund zunehmender Drogenprobleme für Green musikalisch relativ inaktiv und er litt auch unter großen finanziellen Problemen. 1969 kehrte Green jedoch mit einer neuen, von Funk beeinflussten Gruppe zurück und nahm weitere kommerzielle Musik auf. Aufnahmen aus dieser Zeit beinhalten das erfolgreiche *Green is Beautiful* und den Soundtrack zum Film *The Final Comedown*.

Greens 1970er Jahre Aufnahmen sind von unterschiedlicher Qualität, obwohl einige inzwischen bei modernen Künstlern wie US3 und Public Enemy Anklang gefunden haben. Mitte der späten 1970er Jahre war der Gesundheitszustand von Green stark beeinträchtigt und 1978 wurde er ins Krankenhaus eingeliefert. Gegen den Rat seiner Ärzte verließ Green das Krankenhaus und ging wieder auf Tour, weil er Geld verdienen musste. Während er in New York war, um ein Engagement in George Bensons Breezin' Lounge zu spielen, brach er in seinem Auto mit einem Herzinfarkt zusammen und starb am 31. Januar 1979. Er wurde auf dem Greenwood Friedhof in seiner Heimatstadt St. Louis, Missouri, begraben.

Green spielte im Laufe seiner Karriere hauptsächlich Hard-Bop, Soul-Jazz und lateinamerikanisch beeinflusste Jazz-Stile, und außerdem häufig in einem Orgeltrio (eine kleine Gruppe mit Orgel, Schlagzeug und Gitarre).

Neben dem Gitarristen Charlie Christian waren Greens musikalische Haupteinflüsse Jazz-Saxophonisten, insbesondere Charlie Parker, und sein Ansatz war daher fast ausschließlich linear und nicht akkordisch. Er spielte selten traditionelle Rhythmusgitarre, außer als Sideman auf Alben anderer Musiker.

Die Einfachheit des Spiels von Green, das dazu neigte, die Chromatik anderer Jazzgitarristen zu vermeiden, entstand aus seiner frühen Arbeit, als er Rhythm and Blues spielte. Obwohl Green eine Verschmelzung dieses Stils mit Bop erreichte, war er in erster Linie Blues-Gitarrist und kehrte später in seiner Karriere fast ausschließlich zu dieser Spielweise zurück.

Green spielte bis Mitte der 1960er Jahre eine Gibson ES-330, später dann ein Gibson L7-Modell mit McCarty Pickguard / Pickup. Er spielte auch einen Epiphone Emperor (mit der gleichen Tonabnehmerkonfiguration wie bei der L7) und benutzte zuletzt eine speziell angefertigte D'Aquisto New Yorker Gitarre.

Laut Gitarrist George Benson erreichte Grant seinen charakteristischen Ton, indem er die Bass- und Höhenregler seines Verstärkers ausschaltete und die Mitteltöne aufdrehte. Während er oft den Verstärker benutzte, der im Studio, in dem er arbeitete, gerade herumstand, favorisierte Green die Kombiverstärker Fender Tweed Deluxe und Ampeg Gemini.

Empfohlenes Audiomaterial

First Session

Grantstand

Solid

Dieser gefühlvoll klingende Lick verwendet die gesamte C-Blues-Skala und wird meist mit der beliebten 8. Bund „Box"-Position der Skala gespielt. Achte darauf, die angegebenen Slides zu den Schlägen 2 und 3 im ersten Takt hinzuzufügen und die Triolen-Anschläge gleichmäßig zu halten. Ausgehend vom Ende von Takt zwei (und dem Übergang in Takt drei) gibt es ein viertöniges Motiv, das dann mehrfach rhythmisch verändert wird. Obwohl in Triolen ab Beat 3 von Takt drei gespielt, sind die Noten des Motivs tatsächlich in Vierern gruppiert. Hör dir das zugehörige Audiomaterial an, um zu hören, wie es klingt.

Die Linie endet mit einem typischen bluesigen Hammer-On / Pull-Off zwischen der 4. und b5 der Blues-Skala, bevor sie im letzten Takt auf der 5. Tonstufe des Fm-Akkords auf Beat 1 landet.

Beispiel 12a

Eine weitere beliebte Solo-Technik von Green war die Kombination einer 1/16-Triole mit einer 1/8-Note, um ein sich wiederholendes Muster zu erzeugen. In Takt eins werden vier solcher Motive verwendet – eines pro Takt. Achte darauf, dass du diese gleichmäßig spielst und achte darauf, dass du die 1/16tel-Noten nicht überstürzt. In jedem Fall wird die 1/8-Note am Ende des Motivs auf einer unteren benachbarten Saite gespielt. Sei auch vorsichtig mit der Positionsverschiebung, da du das Griffbrett nach unten bewegen wirst, um diese Muster von der 10. bis zur 8. Position zu spielen.

In Takt zwei führt eine kurze Vierton-Phrase in 1/8-Noten zu einem Es-Dur-Dreiklang in Triolen auf Beat 4 (Es-Dur ist die jeweilige Durtonart zu c-Moll, also eine gemeinsame Substitution). Die Linie endet mit b3 und der 5. des Cm-Akkords auf Beat 1 des letzten Taktes.

Beispiel 12b

Wie viele Blues-beeinflusste Jazzspieler verwendete Green in seinen Soli Doppelgriffe. Beispiel 12c beginnt mit einer Reihe von 1/8-Takt-Triolen-Doppelgriffen, die auf die 5. und b3 des darunter liegenden Cm-Akkords abzielen. Verwenden deinen ersten und vierten Finger, um diese Doppelgriffe zu spielen, und slide in die erste Triolen-Note eines jeden Beats von einem Bund unterhalb. Du musst eine kleine Positionsverschiebung in Takt zwei vornehmen, um die Noten auf den 13. und 11. Bünden auf der oberen E-Saite und auch die ersten beiden Noten auf Takt 3 zu spielen, bevor du für die Triolen-Phrase, die auf Beat 4 von Takt zwei endet, wieder auf die achte Position zurückgleitest.

Takt drei enthält weitere 1/8-Noten-Triolen. Achte in diesem Takt auf den Rhythmus von Beat 3, wo du zwei 1/16-Noten auf dem mittleren Beat der Triole spielen musst. Das Audiomaterial hilft dir, den gewünschten Rhythmus zu hören. Der Lick endet mit einem einfachen Slide zum 12. Bund auf der G-Saite und einer letzten Bb-Note auf dem 11. Bund, B-Saite.

Beispiel 12c

Dieser nächste Beispiel-Lick beginnt mit einem Ebmaj7-Arpeggio, das über die Beats 1 und 2 gespielt wird. Achte auf den schnellen Slide bis zum 13. Bund auf Schlag 3, den du entweder mit dem dritten oder vierten Finger spielen solltest, bevor du die letzte Triole auf Schlag 4 spielst. Takt 2 ist einfacher zu greifen, da er vollständig aus der c-Moll-Pentatonik-Skala in der gewohnten Form der 8. Position besteht.

Takt drei führt weitere Triolenmotive im Green-Stil ein, diesmal mit einer Mischung aus 1/8- und 1/16-Noten innerhalb eines einzigen Triolenbeats. Motive wie diese verleihen deinem Solo Struktur und Form und sind bei vielen Jazzgitarristen beliebt. Der Lick endet mit einer einfachen melodischen Phrase, die punktierte 1/8-Noten und eine Triole vermischt. Achte darauf, den Lick nicht zu überstürzen und ziele auf ein entspanntes Gefühl in deiner Phrasierung, so wie Green.

Beispiel 12d

Beispiel 12e ist ein weiterer bluesbasierter Lick, der sowohl 1/8tel-Noten als auch 1/16tel-Noten-Triolen verwendet. Beachte, wie die Triolen-Figur der 1/16tel-Note bei Beat 3 von Takt eins in Takt zwei rhythmisch verschoben ist. Dies trägt dazu bei, Kontrast und rhythmische Vielfalt zu schaffen. Green benutzte oft eine rhythmische Verschiebung wie diese, um Motive über mehrere Takte zu erstrecken.

In Takt drei folgt auf einen schnellen Off-Beat-Slide auf Beat 1 schnell eine weitere Kombination aus 1/16- und 1/8-Triolen, die alle aus der C-Blues-Skala aufgebaut sind. Der Lick wird mit einer Reihe von Slides in 1/8-Triolen vervollständigt, bevor er auf die b3 und 4. auf Beat 1 des letzten Taktes abzielt.

Beispiel 12e

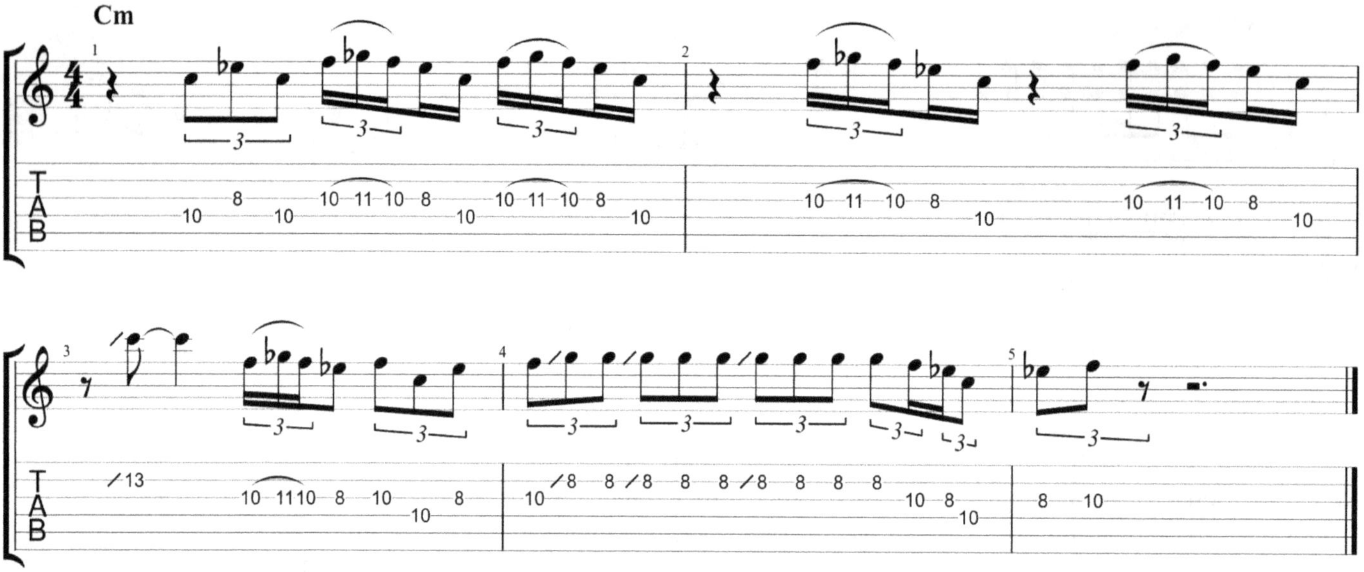

13. Lenny Breau

Leonard Harold "Lenny" Breau wurde am 5. August 1941 in Auburn, Maine, geboren und zog im Alter von nur sieben Jahren nach New Brunswick in Kanada. Seine beiden Eltern waren Musiker, die Country- und Western-Musik aufführten, und Breau begann im Alter von 8 Jahren mit dem Gitarre spielen, Breau war von Anfang an ein begabter Spieler und als Teenager der Lead-Gitarrist in der von seinen Eltern geführten Band. Er wurde nach dem Künstlernamen seines Vaters Hal „Lone Pine" Breau „Lone Pine Junior" genannt. Zu diesem Zeitpunkt seiner musikalischen Entwicklung sang Breau gelegentlich in der Band und spielte Instrumentals von Country-Künstlern wie Chet Atkins und Merle Travis.

Breaus erste Aufnahmen entstanden im Alter von nur 15 Jahren und wurden viele Jahre später auf der CD *Boy Wonder* veröffentlicht. 1957 zog die Familie Breau nach Winnipeg, Manitoba, und begann als „CKY Caravan" in der Region aufzutreten. Einige ihrer Auftritte wurden im Lokalradio übertragen, und um diese Zeit wurde Breaus Gitarrenspiel von Randy Bachman (später Gitarrist bei *The Guess Who* und *Bachman-Turner Overdrive*) entdeckt.

Breau wurde immer mehr von der Jazzmusik angezogen, verließ schließlich 1959 die Gruppe seiner Eltern und begann mit lokalen Jazzmusikern in Winnipeg zu arbeiten. Er studierte auch bei dem Jazzpianisten Bob Erlendson. 1962 zog Breau nach Toronto und gründete mit Eon Henstridge und Don Francks eine Jazzgruppe namens Three. Breau arbeitete mit der Gruppe sowohl in Kanada als auch in den USA zusammen und nahm schließlich ein Live-Album in New York auf. Breau begann auch als Session-Gitarrist zu arbeiten und nahm für CBC Radio- und Fernsehsender auf. Er moderierte auch sein eigenes Musikprogramm namens „Lenny Breau Show" bei CBS im Jahr 1966.

In dieser Zeit erregte Breaus Spiel die Aufmerksamkeit des Gitarristen Chet Atkins, der bald eine Freundschaft mit ihm schloss, und zwei Aufnahmen erschienen bald auf dem RCA-Label, *Guitar Sounds of Lenny Breau* und *The Velvet Touch of Lenny Breau*.

Breau verbrachte einen Großteil des nächsten Jahrzehnts damit, zwischen verschiedenen Städten Kanadas umzuziehen und Arbeit zu finden, wo er auch war. 1976 kehrte er in die USA zurück und wechselte wieder zwischen verschiedenen Städten, während er weiterhin spielte, komponierte und auch Gitarre unterrichtete. Eine Zeit lang schrieb er eine beliebte Lehrkolumne im *Guitar Player* Magazin. Zu diesem Zeitpunkt seiner Karriere hatte Breau eine treue Fangemeinde für seine einzigartige Mischung aus Gitarrenstilen, die Fingerstyle-Country-Gitarrentechniken mit den Harmonien des Jazz mischte. Seine Verwendung von künstlichen Harmonien inspirierte viele andere Gitarristen, mit ihnen zu experimentieren.

Trotz seiner außerordentlichen Fähigkeiten an der Gitarre kämpfte Breau viele Jahre lang mit Drogen und Depressionen, was seine Karriere manchmal erheblich beeinträchtigte. Er war dauerpleite und musste sich auf Freunde bezüglich Unterkunft und Unterstützung verlassen. Trotz dieser Probleme produzierte Breau mehrere Soloalben und arbeitete auch mit anderen Musikern zusammen, darunter dem Pedal Steel Gitarristen Buddy Emmons.

Nach seiner Ansiedlung in Los Angeles trat Breau bis Anfang der 1980er Jahre weiter auf und lehrte. Die Drogenprobleme unter Kontrolle, sah die Zukunft für Breau vielversprechender aus, bis er 1984 in einem Schwimmbad in der Nähe seiner Wohnung in Los Angeles erdrosselt gefunden wurde. Viel Geheimnis umgibt seinen Tod, mit einigen Spekulationen darüber, dass seine Frau beteiligt war, obwohl sie nicht wegen Mordes angeklagt wurde.

Breau wurde 1997 posthum in die Canadian Music Hall of Fame aufgenommen, und die meisten seiner Alben wurden in den Jahren seit seinem Tod neu aufgelegt, ebenso wie eine Reihe von Live-Aufnahmen. Mindestens zwei Dokumentationen wurden nach seinem Tod über sein Leben und seine Karriere gedreht.

Breaus einzigartiger Spielstil verschmilzt Country, Klassik, Indische Musik und Jazz, und seine Solo-Arrangements sind in ihrer Konstruktion besonders kompliziert und klavierartig. Sein Einsatz einer siebensaitigen Gitarre hat seit seinem Tod viele Spieler beeinflusst, ebenso wie seine unvergleichliche Beherrschung der Obertöne.

Lenny Breau benutzte während seiner Karriere eine Vielzahl von Gitarren, ist aber wahrscheinlich am bekanntesten für den Einsatz einer siebensaitigen Gitarre. Breau ließ zwei maßgeschneiderte Siebensaiter für ihn anfertigen, eine klassische und eine elektrische. Beide Gitarren waren mit einer hohen A-Saite ausgestattet.

Empfohlenes Audiomaterial

The Velvet Touch of Lenny Breau: Live!

Five O'clock Bells

Guitar Sounds of Lenny Breau

Lenny Breaus tiefes Verständnis für Harmonie und seine Fähigkeit, komplizierte Solo-Arrangements herzustellen, machten ihn zu einem der meistverehrten Gitarristen im Jazz. Dieses erste Beispiel nimmt eine vertraut klingende I VI II V Progression in C-Dur und zeigt einen typischen Ansatz, mit dem Breau die grundlegenden Akkordstrukturen bereichern würde.

Breau benutzte oft offene Saiten, um seine Akkord-Voicings zu verstärken, und das Cmaj9-Voicing in Takt 1 verwendet die offene obere E-Saite für zusätzliche Resonanz. In Takt zwei wird der Am11-Akkord so gegriffen, dass jede Note in die nächste, eine weitere bevorzugte Breau-Technik, überklingt.

Der Dm11-Akkord in Takt drei hat einen kleinen Fingerslide auf der zweiten Triole (mit dem vierten Finger spielen), damit die Note mit der benachbarte G-Note klingen kann, die auf der oberen E-Saite am dritten Bund gespielt wird. Ein G7#5-Akkord wird in Takt vier verwendet, bevor der Lick mit dem gleichen Cmaj9-Akkord endet, der in Takt eins verwendet wird. Trotz der Änderungen in den niedergeschriebenen Taktarten solltest du einfach versuchen, zu spielen was du hörst, da der Lick rubato gespielt werden sollte.

Beispiel 13a

Arpeggio-Passagen bildeten einen wesentlichen Teil von Breaus Ansatz für Akkordsolo-Arrangements, wie in Beispiel 13b zu sehen ist. Obwohl du ein Plektrum verwenden kannst, um dieses Beispiel zu spielen, klingt das Fingerstyle- oder das Hybrid-Picking für Breaus Stil am authentischsten. Der Lick beginnt mit einer Serie von drei absteigenden Arpeggios mit Quart-Akkorden, gefolgt von einem Drop-2-Voicing.

Takt zwei verwendet zwei getrennte Voicings für den G-Akkord. Beachte die Verwendung von offenen Saiten im reich klingenden G13b9-Voicing. Takt drei verwendet das Cmaj9-Voicing aus dem vorherigen (wiederum mit der offenen oberen E-Saite), bevor eine weiteres Quarten-Voicing in Takt vier erscheint. Dieses Voicing (Em11) wird zweimal gespielt, das zweite Mal mit künstlichen Obertönen.

Künstliche Obertöne werden durch das Spielen eines „Spiegelbildes" des Akkords, den du hältst, klingen gelassen, 12 Bünde über der ursprünglichen Form. Es kann schwierig sein, sauber zu spielen, und Breau war ein anerkannter Meister dieser Technik. Er spielte diese Harmonien im Allgemeinen mit dem rechten Daumen, um die Saite hinter seinem Zeigefinger zu zupfen, der den Bund leicht berührte, genau 12 Bünde über der gegriffenen Akkordform.

Beispiel 13b

Beispiel 13c wird vollständig mit künstlichen Obertönen unter Verwendung der oben beschriebenen Technik gespielt. Beginnend mit dem Gmaj7 Akkord-Voicing in Takt eins, spielst du die Harmonien genau 12 Bünde höher als die ursprüngliche Akkordform (auf den gleichen Saiten) und du solltest das gewünschte Ergebnis erzielen. Es erfordert manchmal ein wenig Mühe, um einen klaren Ton zu erreichen, aber das solltest du bald mit konzentrierter Übung erreichen können. Mit den Fingern funktioniert das wesentlich besser als mit einem Plektrum.

Die künstlichen Obertöne werden nacheinander durch die verschiedenen Akkordvoicings gespielt: Bb13, Am11, Ab7b5 und Gmaj7. Nimm dir Zeit für diese Voicings und spiele sie vielleicht zunächst ohne die Obertöne, um das Bewegen zwischen den Akkordformen zu üben. (Der Ab7b5-Akkord ist eigentlich eine Akkordsubstitution für D7 – eine Tritonus-Substitution).

Beispiel 13c

Der nächste Lick mag sich anhören, als ob er in ein Buch über Country-Gitarrenspiel gehört, aber Breau verwendete oft solche Doppelgriff-Licks, besonders wenn er einen Blues spielte. Er war ein großer Fan von Chet Atkins und Jerry Reed, die beide einen starken Country-Einfluss in ihrem Spiel hatten.

Der Lick verwendet durchgehend Doppelgriffe und wechselt zwischen der dritten und fünften Position. Spiele die schnelle Triolenfigur in Takt eins (Schlag 2) mit dem vierten, dritten und Zeigefinger, um die beiden benötigten Saiten (die G- und B-Saiten) abzudecken. Dies wird dir helfen, die Phrase komfortabel auszuführen. Denke daran, bis zum Doppelgriff zu rutschen, der mit dem Up-Beat von Beat 4 in Takt eins gespielt wird. Der Lick endet auf einem G13-Voicing und würde gut innerhalb einer G Blues-Progression funktionieren.

Beispiel 13d

Viele von Lenny Breaus Soloarrangements verwendeten üppig klingende Akkordvoicings mit offenen Saiten – besonders bei Intros und Abschlüssen. Dieses letzte Beispiel verwendet ein Em9-Voicing in Takt eins, mit drei offenen Saiten (die tiefe E-, G- und hohe E-Saite). Stelle sicher, dass du jede Saite in die nächste klingen lässt, was zu einem harfenartigen Effekt führt.

In Takt zwei wird die Akkordform von Takt eins durch Anheben einer Note (5. Tonstufe) zu einem Em9#5-Akkord geändert, bevor zum ursprünglichen Voicing zurückgekehrt wird. In Takt vier wird ein offen klingendes Aadd9-Voicing (wieder mit drei offenen Saiten) gespielt. Das gleiche Voicing wird ein zweites Mal mit künstlichen Obertönen gespielt. Verwende die gleiche Technik wie vorher, um die Obertöne zu spielen, und lasse alle Töne in jedem Akkord so lange wie möglich klingen.

Beispiel 13e

14. John McLaughlin

John McLaughlin wurde am 4. Januar 1942 in Doncaster, South Yorkshire, geboren und begann im Alter von etwa 11 Jahren Gitarre zu spielen. Er wuchs in einer musikalischen Umgebung auf, da seine Mutter Konzertgeigerin war und er studierte sowohl Klavier als auch Violine, bevor er zur Gitarre wechselte. McLaughlin interessierte sich zunächst für Blues und Swing-Musik und arbeitete nach seinem Umzug nach London Anfang der 1960er Jahre mit Künstlern wie Alexis Korner, Graham Bond, Brian Auger und Georgie Fame zusammen. Er verdiente sein Geld auch mit einer Vielzahl von Session-Arbeiten in London und gab dem zukünftigen Led Zeppelin-Gitarristen Jimmy Page Gitarrenunterricht.

Im Januar 1969 nahm McLaughlin sein Debütalbum *Extrapolation* mit John Surman am Saxophon und Tony Oxley am Schlagzeug auf. McLaughlin zog danach in die USA, um sich der Gruppe *Lifetime* von Schlagzeuger Tony Williams anzuschließen. Im selben Jahr traf er auch die Rockgitarrenlegende Jimi Hendrix und jammte mit ihm. Anschließend spielte er mit dem Trompeter Miles Davis auf mehreren Jazz-Rock-Alben, darunter *In a Silent Way*, *Bitches Brew*, *Live-Evil*, *On the Corner*, *Big Fun* und *A Tribute to Jack Johnson*. McLaughlin arbeitete auch als Sideman mit anderen bekannten Jazzkünstlern dieser Zeit zusammen, wie Miroslav Vitous, Larry Coryell, Wayne Shorter und Carla Bley.

McLaughlins Elektroband aus den 1970er Jahren, The Mahavishnu Orchestra, bestand aus dem Geiger Jerry Goodman, dem Keyboarder Jan Hammer, dem Bassisten Rick Laird und dem Schlagzeuger Billy Cobham. Sie spielten einen hochkomplexen Musikstil, der Jazz und Rock mit östlicher und indischer Musik verschmolz. Das Mahavishnu Orchestra litt leider unter Persönlichkeitskonflikten und die Gruppe trennte sich Ende 1973 nach zwei Jahren und drei bahnbrechenden Fusion-Alben. McLaughlin hat die Gruppe in den 1970er Jahren mehrmals mit unterschiedlichen Besetzungen reformiert.

McLaughlin beschäftigte sich dann intensiv mit akustischem Spiel mit seiner indischen Gruppe Shakti, die auf klassischer Musik basierte. Die Gruppe nahm drei Alben auf: *Shakti* (1975), *A Handful of Beauty* (1976) und *Natural Elements* (1977) Die Band brachte Ragas und indische Percussions in die Jazzwelt.

1979 gründete McLaughlin zusammen mit dem Flamencovirtuosen Paco de Lucía und dem Jazzgitarristen Larry Coryell (Anfang der 80er Jahre durch Al Di Meola ersetzt) das vollakustische Guitar Trio. 1996 traf sich das Trio wieder zu einer zweiten Aufnahmesession und einer Welttournee. 1979 nahm McLaughlin auch das Album *Johnny McLaughlin: Electric Guitarist* auf, eine Rückkehr zur Mainstream-Jazz / Rock-Fusion und zur E-Gitarre.

In den 1980er Jahren gründete McLaughlin die One Truth Band und nahm ein Studioalbum auf, *Electric Dreams*, mit L. Shankar an Geigen, Stu Goldberg an Keyboards, Fernando Saunders am E-Bass und Tony Smith am Schlagzeug. 1981 und 1982 nahm McLaughlin zwei weitere Alben auf, *Belo Horizonte* und *Music Spoken Here* mit The Translators – einer Gruppe französischer und amerikanischer Musiker. Von 1984 bis 1987 arbeitete McLaughlin mit einem Quintett mit dem einfachen Titel Mahavishnu und nahm zwei Alben auf: *Mahavishnu* und *Adventures in Radioland*. Neben diesem Mahavishnu-Projekt arbeitete McLaughlin auch im Duett mit dem Bassisten Jonas Hellborg.

1986 trat er mit Dexter Gordon in Bertrand Taverniers Film *Round Midnight* auf. Er komponierte auch *The Mediterranean Concerto,* das von Michael Gibbs instrumentiert wurde. McLaughlin veröffentlichte 1993 ein Bill Evans Tribute Album mit dem Titel *Time Remembered: John McLaughlin Plays Bill Evans.*

Im Jahr 2003 nahm er eine Ballettpartitur, *Thieves and Poets*, und ein drei DVDs umfassendes Lehrvideo über Improvisation mit dem Titel *This is the Way I Do It* auf. Im Juni 2006 veröffentlichte er das Album *Industrial Zen*, auf dem er mit dem Godin Glissentar experimentierte.

2007 verließ McLaughlin Universal Records, trat dem Label Abstract Logix bei und begann mit einem neuen Jazz-Fusions-Quartett, The 4th Dimension, zu touren, bestehend aus Keyboarder / Schlagzeuger Gary Husband, Bassist Hadrian Feraud und Drummer Mark Mondesir. In den letzten Jahren tourte McLaughlin unter anderem mit Remember Shakti und unternahm 2017 eine Abschiedstournee in den USA, bei der er ankündigte, dass er 2018 nicht wieder auf Tournee gehen würde, sondern nur ausgewählte Auftritte durchführen würde.

McLaughlin ist ein Grammy-Preisträger und wurde von Publikationen wie *Down Beat* und *Guitar Player* Magazine mit mehreren Guitarist of the Year und Best Jazz Guitarist Awards ausgezeichnet.

McLaughlins Gitarrenstil steht für Schnelligkeit, hohe technische Präzision und große harmonische Raffinesse. Er ist weithin bekannt für die Verwendung nicht-westlicher Skalen und seltsamer oder unkonventioneller Taktarten. Die indische Musik hat auch einen tiefen Einfluss auf seinen Gitarrenstil gehabt.

John McLaughlin hat in seiner Karriere viele Gitarren benutzt, darunter mehrere Doppelhalsgitarren und die erste von Abraham Wechter gebaute Akustikgitarre, die Shakti-Gitarre. Er hat auch eine Godin und eine Gibson Brydland benutzt. In den letzten Jahren spielte er eine PRS-Modellgitarre.

McLaughlin hat in seiner Karriere eine Vielzahl von Verstärkern verwendet, darunter Marshall 100-Watt-Verstärker, aber in letzter Zeit hat er einen Vorverstärker anstelle eines normalen Verstärkers angeschlossen und das Signal dann direkt in die PA-Anlage des Veranstaltungsortes geleitet.

Empfohlenes Audiomaterial

Shakti (John McLaughlin mit Shakti)

Johnny McLaughlin: Electric Guitarist

Visions of the Emerald Beyond (Mahavishnu Orchestra)

John McLaughlins beeindruckende Alternate-Picking-Technik und sein umfangreiches harmonisches Wissen ermöglichen es ihm, schnelle Skalenpassagen auszuführen, selbst bei komplexesten Akkordwechseln. Das folgende Beispiel zeigt, wie McLaughlin sich den ersten Takten einer bekannten John Coltrane Komposition nähern könnte.

McLaughlin-Soli weisen oft lange Tonleiterpassagen von 1/16tel-Noten auf, wie hier zu sehen ist. Beginnend in Takt eins, verschieben sich die Akkordskalen von B-Dur zu G-Dur bei Beat 3 und dann in Takt 2 zu Es-Dur bei Beat 3. Beachte die Verwendung einer chromatischen Durchgangsnote in der 1/16-Notenpassage bei Beat 2 von Takt 2, die hilft, auf der G-Note auf dem 8. Bund der B-Saite zu landen. Die Linie beinhaltet auch ein Bb-Arpeggio auf den Beats 3 und 4 des letzten Taktes.

Mit einer solchen Hochgeschwindigkeitslinie beginnst du am besten langsam und näherst dich mit Hilfe eines Metronoms allmählich dem Tempo.

Beispiel 14a

McLaughlin verwendet in seinem Spiel viele pentatonische Muster und kurze melodische Skalensequenzen / Motive (wahrscheinlich beeinflusst von Saxophonisten wie John Coltrane). Beispiel 14b zeigt diesen Ansatz in Aktion. Takt eins verwendet Sequenzen, die auf der B-Dur-Skala auf den Schlägen 1 und 2 beruhen, um sich dann für die restlichen zwei Schläge des Taktes in der G-Dur-Skala aufzulösen.

In Takt zwei werden die Vier-Noten-Sequenzen auf den Schlägen 3 und 4 nun von der c-Moll-Pentatoni-schen-Skala abgeleitet und gehen mit der gleichen Skala in Takt drei über. Diese Skalenanwendung wird dann um einen halben Schritt in Takt vier auf die b-Moll-Pentatonische Skala abgesenkt, um die Tonartänderung zu G-Dur herzustellen. Der Lick endet mit der 5. Tonstufe des Gmaj7-Akkords im letzten Takt. Während pentatonische Skalen oft als das Gebiet der Rock- und Bluesgitarristen angesehen werden, zeigt McLaughlins Spiel, dass sie bei komplexen Jazz-Harmonien effektiv wirken können.

Beispiel 14b

72

Schnellere Skalenübergänge sind in Beispiel 14c zu erkennen, diesmal jedoch mit einer Kombination aus 1/16tel-Noten und 1/8tel-Noten-Rhythmen. Die ersten beiden Beats in Takt eins steigen in 1/16tel-Noten auf einer B-Dur-Skala auf und lösen sich dann in dem ersten verfügbaren Skalenton in G-Dur auf Beat 3 auf. Diese nahtlosen Skalenverbindungen sind ein Merkmal von McLaughlins Spiel und verleihen seinen Linien eine große Fluidität.

In Takt zwei (Beat 3) kombinierte 1/8- und 1/16-Noten-Rhythmen geben der Es-Dur-Skala etwas Abwechslung, bevor ein fünfstimmiges Motiv in Takt drei den Lick abschließt. Um McLaughlins Skalenbeherrschung nachzuahmen, versuche, beim Improvisieren in jeder neuen Skala auf den nächstgelegenen verfügbaren Ton zu wechseln. Du wirst feststellen, dass dieser Ansatz melodisch klingt, besonders bei mehreren Akkord- / Tonartänderungen.

Beispiel 14c

Beispiel 14d ist ein pentatonisches Skalen-Training, das zeigt, wie du Skalen aus fünf Tönen über mehrere Tonänderungen hinweg verwenden und dennoch der Harmonie treu bleiben kannst. In Takt eins wird eine cis-Moll-Pentatonik über den Bmaj7-Akkord auf den ersten beiden Beats gespielt. Um dann den ersten Tonartwechsel (auf D7 bei Beat 3) unterzubringen, ändert sich die Skala auf b-Moll-Pentatonik.

In Takt drei, wenn der Bb7-Akkord erscheint, kommt die c-Moll-Pentatonik ins Spiel und wird bis zur letzten Note des Licks bei Beat 1 im letzten Takt verwendet. Der Lick verwendet nur diese drei kleinen pentatonischen Skalen: c#-Moll, b-Moll und c-Moll, aber sie arbeiten effektiv über der zugrunde liegenden Harmonie.

Beispiel 14d

Der letzte McLaughlin-Lick basiert ebenfalls auf mollpentatonischen Skalen. Beginnend mit der G# Moll-Pentatonik über den Bmaj7-Akkord in Takt eins, wechselt er zur A Moll-Pentatonik für den D7-Akkord. Wie im vorherigen Beispiel wird die c-Moll-Pentatonische Skala beginnend mit dem Bb7-Akkord bis zum Takt vier gespielt, wobei die Tonartänderung ein Umgreifen auf die b-Moll-Pentatonik erfordert.

Während McLaughlin offensichtlich viele melodische Tricks und Skalen in seinem Spiel verwendet, ist seine Beherrschung der pentatonischen Skalen unübertroffen, und das Studium einiger seiner Linien wird deine Solofähigkeiten wirklich verbessern.

Beispiel 14e

15. George Benson

George Benson wurde am 22. März 1943 geboren und wuchs im Hill District von Pittsburgh, Pennsylvania, auf. Im zarten Alter von nur 7 Jahren spielte er die Ukulele in einem Eckladen. Im Alter von 8 Jahren spielte er Freitag- und Samstagabend in einem nicht lizenzierten Nachtclub Gitarre. So etwas wie ein Wunderkind, nahm Benson bereits im Alter von 9 Jahren auf und veröffentlichte *She Makes Me Mad* and *It Should Have Been Me*, auf dem Label RCA-Victor in New York.

Zu Bensons frühen Einflüssen auf die Gitarre gehörten der Country Jazz Gitarrist Hank Garland und der Swing Jazz-Großmeister Charlie Christian. Seine ersten Schritte in der Musikindustrie hatten offenbar einen negativen Einfluss auf seine Schulbildung und deshalb wurde seine Gitarre beschlagnahmt! Nach einiger Zeit in einem Jugendgefängnis bekam er jedoch von seinem Stiefvater eine neue Gitarre und nahm das Spiel wieder auf.

Benson besuchte dann die Schenley High School und begann nach seinem Abschluss mit dem Organisten Jack McDuff zusammenzuarbeiten, der überwiegend instrumentalen Soul-Jazz spielte. Im Alter von 21 Jahren nahm Benson sein Debütalbum als Leader auf, *The New Boss Guitar*, auf dem auch McDuff an der Orgel zu hören war. Seine nächste Aufnahme trug den Titel *It's Uptown* (mit dem George Benson Quartet) und beinhaltete diesmal Lonnie Smith an der Orgel. Auf dieses Album folgte *The George Benson Cookbook*, wieder einmal mit Lonnie Smith und auch Ronnie Cuber am Baritonsaxophon.

Zu dieser Zeit erregte Bensons unverwechselbarer Jazz-Blues-Gitarren-Stil bei seinen Musikerkollegen große Aufmerksamkeit, und er wurde anschließend von dem legendären Miles Davis beauftragt, auf dem Track *Paraphernalia* auf Davis' 1968er Aufnahme *Miles in the Sky zu* spielen.

Benson unterschrieb dann beim Jazzlabel CTI Records und nahm mehrere kommerziell erfolgreiche Jazzalben auf, darunter *Bad Benson*, *Good King Bad* und *Benson and Farrell* (mit Joe Farrell). Benson nahm auch eine Version des The Beatles Abbey Road Albums *The Other Side of Abbey Road* und eine Version von *White Rabbit* auf, vor allem bekannt von Jefferson Airplane. Er fand auch Zeit, an Sessions für andere Künstler zu spielen, die der KTI angehören, darunter Freddie Hubbard und Stanley Turrentine.

Ende der 1970er Jahre nahm Benson für das Label Warner Brothers auf und sang nun auch regelmäßig auf seinen Aufnahmen, was er bis dahin nur selten getan hatte. Seine 1976er Veröffentlichung *Breezin'* enthielt seine Lead-Stimme auf dem Track *This Masquerade*, der ein großer Hit in den Pop-Charts war und ihm einen Grammy Award für Record of the Year einbrachte. Das Album enthielt auch ein Cover der Jose Feliciano Komposition *Affirmation*. *Breezin'* war für Benson erfolgreich und wurde zu seinem bisherigen Bestseller, obwohl die Plattenfirma anfangs nicht wollte, dass er singt und Gitarre spielt.

George Benson nahm auch die Originalversion des Songs *The Greatest Love of All* für einen biographischen Film über den Boxer Muhammad Ali (genannt *The Greatest*) von 1977 auf. In dieser Zeit nahm Benson mit dem deutschen Dirigenten Claus Ogerman auf und arbeitete in den 1960er, 1970er und 1980er Jahren mit dem Trompeter Freddie Hubbard an einer Reihe seiner Alben.

Weitere kommerzielle Erfolge folgten und eine Live-Aufnahme des Tracks *On Broadway* gewann 1978 Benson einen Grammy. Sein bahnbrechendes Pop-Album war *Give Me The Night* (1981), produziert von Quincy Jones, und in den folgenden Jahren hatte er viele Hitsingles wie *Love All the Hurt Away*, *Turn Your Love Around*, *Lady Love Me* und *20/20*.

1990 erhielt Benson die Ehrendoktorwürde der Musik des Berklee College of Music und wurde von der National Endowment of the Arts auch als Jazz Master anerkannt.

In den letzten Jahren hat Benson auch das Album *Guitar Man* veröffentlicht, das seinen Gitarrenspielstil aus den 1960er und frühen 1970er Jahren auf einem Album von Jazz- und Popstandards wieder aufgreift. Mit Mitte 70 nimmt George Benson immer noch Schallplatten auf, performt aus seinem umfangreichen musikalischen Repertoire und gilt als einer der großen Jazzgitarristen.

Bensons flüssiger und hochinnovativer Solostil mischt Blues, Soul und Mainstream-Jazz auf eine einzigartige Weise, die nur wenige andere Spieler erreicht haben. Seine Verwendung von Oktaven und Intervallen ist besonders originell und obwohl er von Spielern wie Wes Montgomery beeinflusst wird, ist sein Klang und seine improvisierte Vorgehensweise sofort als seine eigene erkennbar.

Benson wird seit langem mit Ibanez-Gitarren assoziiert und das Unternehmen hat eine Reihe von Modellen mit seinem Namen produziert, darunter die LGB300. Zu Beginn seiner Karriere benutzte er auch eine Gibson L-5 CES, wie sie von Wes Montgomery gespielt wurde.

Zur Verstärkung verwendet er seit kurzem einen Fender George Benson Hot Rod Deluxe oder Twin Reverb Verstärker, meist ohne Gitarreneffekte oder Signalverarbeitung.

Empfohlenes Audiomaterial

The George Benson Cookbook

It's Uptown

Breezin'

Guitar Man

George Bensons Solostil ist sofort erkennbar und mischt komplexe Bebop-Linien mit schnellen Blues-Runs und Oktavpassagen, die an Wes Montgomery erinnern. Benson kreiert auch melodische Ideen aus einfachen Doppelgriffen, wie in diesem ersten Beispiel gezeigt.

In Takt eins zielt ein Doppelgriff-Slide auf die 9. und 11. des Dmaj9-Akkords. In solchen harmonischen Situationen „denkt" Benson jedoch oft an den V-Akkord bezogen auf den Dur-Akkord, so dass er hier an ein A7 (V-Akkord in der Tonart D-Dur) denkt. Der A7-Substitutionsansatz setzt sich mit einer bekannten bluesigen Doppelgriff-Phrase fort, die in Takt zwei wiederholt wird. Beachte, wie sich die rhythmische Platzierung zwischen diesen ansonsten ähnlichen Phrasen leicht ändert.

Die Doppelgriff-Intervalle kehren im letzten Takt zurück, werden aber diesmal als 1/4-Triolen gespielt. Versuche, diese Doppelgriffe auf dem gleichen Saitenpaar zu halten, da dies bei der erforderlichen Positionsverschiebung in diesem Lick hilft.

Beispiel 15a

Der A7-Substitutionsansatz zeigt sich auch in diesem zweiten Lick. Es beginnt mit einer pentatonischen A-Dur-Phrase, die in Takt eins mündet und bis zum kurzen Bending am Anfang von Takt zwei dauert. Benson zieht Saiten nicht besonders hoch, was charakteristisch für die kleinen Blues-Bends ist, die er von Zeit zu Zeit benutzt.

Ab Takt drei gibt es einen chromatischen Aufstieg vom 8. Bund auf der oberen E-Saite bis zum 12. Bund, bevor am Ende von Takt 3 in Beat 4 ein A-Dur-Dreiklang skizziert wird, wobei darauf zu achten ist, dass die Rhythmen hier genau eingehalten werden und das genaue Timing dem Audio entnommen wird. Dies ist ein typischer Benson Move, der ein großartiges Blues-Feeling in die Linie bringt. Der Lick endet mit einem A-Dur-Dreiklang im letzten Takt, der über dem darunter liegenden G/A-Akkord gespielt wird.

Beispiel 15b

Benson ist ein Meister der Verwendung chromatischer Durchgangsnoten in seinen Soli und Beispiel 15c ist ein typisches Beispiel dafür. Beginnend mit einem chromatischen Lauf bis zur ersten 1/16.-Note des Taktes eins, wird dann die gleiche Tonfolge umgekehrt, bevor die B-Note auf dem 12-Bund auf Beat 2 gespielt wird, wobei bei Beat 3 des Taktes eins ein schneller Fingerwechsel von der 9. bis zur 5. erforderlich ist, um den Rest des Taktes zu vervollständigen.

Mehr chromatische Durchgangsnoten auf Beat 4 von Takt eins führen in die bluesig klingende 1/16- Notenpassage in Takt zwei. Der Lick endet mit einer typischen Benson-Doppelgriff-Figur in Takt drei. Längere Lines wie diese brauchen oft etwas mehr Übung, um wirklich flüssig zu klingen, also lerne sie zunächst in kleinen Abschnitten. Mach dir keine Sorgen um die Geschwindigkeit, bis du die Linie in einem langsamen Tempo präzise ausführen kannst.

Beispiel 15c

Beispiel 15d sieht auf dem Papier täuschend einfach aus, ist aber musikalisch über der Hintergrundharmonie äußerst effektiv. Mit dem Intervall einer Quinte zielen die slidenden Doppelgriffe in Takt eins zunächst auf die sechste und große Septime des Dmaj9-Akkords ab und kurz darauf auf die Quinte und None. Die lange Sequenz von Viertelnoten-Triolen, die mit dem 3. Beat des zweiten Taktes beginnt, verwendet eine beliebte Benson-Technik: Er spielt eine Oktav-Griffweise, fügt aber einen Ton innerhalb des Oktavintervalls hinzu.

In diesem Beispiel ist das Intervall, das der Oktave hinzugefügt wird, die 4. (15. Bund auf der B-Saite), was eine Form ergibt, die folgendermaßen aufgebaut ist: Grundton, Quarte, Oktave. Sofern du diese Form auf Noten beschränkst, die in dem von dir gespielten Akkord / der Skala enthalten sind, kannst du diese Figur aus drei Noten sehr effektiv über das Griffbrett bewegen.

Beispiel 15d

Der letzte George Benson-Lick kehrt zu dem bereits erwähnten A7-Substitutionskonzept zurück und weist eine lange 1/16-Notenfolge auf. Eine schnelle Positionsverschiebung vom Pickup-Lauf zum ersten Beat des ersten Taktes ist nötig, also übe es langsam, bis du es automatisch spielen kannst. Der lange Lauf, der mit Beat 4 des ersten Taktes beginnt, wird in der 8. Position gespielt, bevor du für die letzten beiden 1/16.-Noten zur 5. Position gehst. Beachte die Verwendung der chromatischen Durchgangsnoten in dieser langen Linie.

In Takt drei gibt es einen weiteren chromatischen Anstieg, der auf halbem Weg durch den ersten Beat beginnt, der den 9. Bund auf der G-Saite nach oben geht. Die Linie endet wieder auf der 5. Position und mit mehr chromatischen Noten, die zu der wiederholten A-Note im letzten Takt führen. Meistere diese Linie erneut in einem langsameren Tempo, bevor du sie beschleunigst.

Beispiel 15e

16. Pat Martino

Pat Martino wurde am 25. August 1944 in Philadelphia, Pennsylvania, geboren und begann im Alter von 12 Jahren mit dem Gitarrespielen, sein Vater, Carmen „Mickey" Azzara, war ein lokaler Clubsänger und Jazz-Fan, der den jungen Martino schon früh dem Jazz aussetzte. Martino verließ die Schule in der zehnten Klasse, um sich der Musik zu widmen, und studierte dann bei Dennis Sandole, der auch John Coltrane unterrichtete. Martino wurde zunächst von Jazzgitarristen wie Wes Montgomery und Johnny Smith beeinflusst.

Martino begann im zarten Alter von 15 Jahren professionell zu spielen, nachdem er nach New York City gezogen war, wo er bald in renommierten Jazzclubs wie Smalls Paradise spielte. Später zog er in eine Suite im President Hotel in der 48th Street, um in der Nähe der Clubs zu sein, in denen er spielte. Er spielte sechs Monate im Jahr im Smalls und dann in den Sommermonaten im Club Harlem in Atlantic City. Martinos Ruf wuchs schnell und er wurde zu einem gefragten Sideman und Solisten, besonders in den Orgeltrios von Spielern wie Jack McDuff und Don Patterson. Er tauchte auch stark in die aufstrebende Soul-Jazz-Szene in New York ein.

Als Martino gerade zwanzig Jahre alt war, wurde er als Leader bei Prestige Records verpflichtet und produzierte eine Reihe von Alben für das Label, darunter *El Hombre*, *Strings* und *Desperado*. Sein 1972 erschienenes Album *Pat Martino Live* enthält ein erweitertes Solo auf dem Lied *Sunny*, das eines seiner berühmtesten Soli bleibt und ein hervorragendes Beispiel für seine langen 1/16-Notenlinien ist, gemischt mit wiederholten rhythmischen Motiven. Martinos unverwechselbarer Solostil und unglaublich fließende Improvisationen fanden in den frühen bis mittleren 70er Jahren eine treue Fangemeinde, und er tourte und nahm weiter auf, bis er 1976 starke Kopfschmerzen bekam, die sich verschlimmerten, bis bei ihm ein Gehirnaneurysma diagnostiziert wurde.

Martino hatte ständig Auftritte, bis das Aneurysma ihm plötzlich schwere Amnesie bereitete, so dass er sich nicht mehr an seine bisherige Karriere erinnern konnte. Vielleicht noch beunruhigender für seine Karriere war, dass er auch keine Kenntnisse mehr über die Gitarre hatte oder wie er das Instrument zuvor gespielt hatte. Nach der Operation und einer langen Erholungsphase musste Martino die Gitarre praktisch wieder von Grund auf neu lernen und kehrte erst 1987 mit der Veröffentlichung des entsprechend betitelten Albums *The Return* wieder auf die Bühne zurück. Nach dieser Comeback-Aufnahme legte er wieder eine Pause ein, als seine Eltern krank wurden, und erst 1994, als er die Alben *Interchange* und *The Maker* aufnahm, kehrte er Vollzeit zur Musik zurück.

Nachdem er in seiner Karriere große persönliche Hindernisse überwunden hat, tritt Martino nun wieder regelmäßig auf und nimmt auf. Er ist sehr nachdenklich und philosophisch in Bezug auf seine Herangehensweise an die Jazzmusik, was sich sowohl in seinem kompositorischen Ansatz als auch in seinem Spiel und seiner Lehre widerspiegelt.

Martino hat in seiner Karriere viele Auszeichnungen erhalten, darunter Guitar Player of the Year in der *Down Beat* Zeitschrift Readers' Poll of 2004, zwei Grammy Award Nominierungen 2002 für das beste Jazz Instrumental Album (*Live bei Yoshi's*) und das beste Jazz Instrumental Solo on *All Blues*. Im Jahr 2003 erhielt er Grammy-Nominierungen für das beste Jazz-Instrumental-Album mit *Think Tank* und das beste Jazz-Instrumental-Solo auf *Africa*.

Pat Martino hat auch mehrere Lehrvideos und Bücher veröffentlicht, die seinen einzigartigen Ansatz der Jazzimprovisation behandeln. Er nimmt weiterhin auf und tritt live auf, und sein letztes Album, *Formidable,* wurde 2017 veröffentlicht.

Martinos musikalischer Ansatz liegt stark im Hard-Bop-Jazz-Genre, beinhaltet aber auch Elemente aus der Weltmusik und sogar Rock. Seine langen, schnell abfeuernden 1/16-Notenpassagen werden von anderen Gitarristen viel nachgeahmt, obwohl nur wenige sein Niveau an Flüssigkeit und Ideenreichtum erreichen.

Martino hat in seiner langen Karriere eine Vielzahl von Gitarren verwendet, darunter eine Benedetto Signature-Gitarre (sein aktuelles Instrument), ein PM Gibson Signature-Modell und verschiedene andere Gibson-Modelle, darunter eine Les Paul Custom und eine L-5. Er verwendet dicke Saiten und Plektren. Als Verstärker hat er Fender Twin Reverbs und Roland JC-120s verwendet, aber in den letzten Jahren hat er einen Acoustic Clarus Head bevorzugt, der über einen Mesa Boogie Cabinet gespielt wird.

Empfohlenes Audiomaterial

Pat Martino – Live

El Hombre

Remember: A Tribute to Wes Montgomery

Ausgehend von einem bluesigen Doppelgriff zeigt dieser eher einfach klingende Lick Martinos Fähigkeit, Linien aus einem alternativen Akkord demjenigen, der überspielt wird, zu überlagern. Hier ist der ursprüngliche Akkord Dm9, aber die Linie suggeriert eher einen G7-Sound. Beachte die Betonung der Note B (die große Terz von G7), gesehen in Takt zwei (Beat 3) und Takt drei (Beats 1 und 2). Diese Art der „on-the-fly"-Akkordsubstitution ist in Martinos Spiel verbreitet.

Pat Martino verwendet im Allgemeinen dicke Saiten und ein dickes Plektrum, um seinen dunklen, ausdrucksstarken Klang zu erreichen, so dass du vielleicht versuchen solltest, stärkere Saiten zu verwenden, um das möglichst gut nachzuahmen.

Beispiel 16a

Martino favorisiert in seiner Improvisation 1/16tel-Notenläufe und Beispiel 16b nutzt diesen rhythmischen Ansatz mit großer Wirkung. Beginnend mit einer 1/16-Ton-Triolenfigur auf der oberen E-Saite, steigt die Linie schnell ab und verwendet die so genannte Bebop Dominant-Skala. Dies ist ein regulärer mixolydischer Modus mit einer zusätzlichen 7. Tonstufe.

Wie beim vorherigen Beispiel basiert das Denken hier auf einem G7-Akkord und nicht auf dem Dm9, das im Background gespielt wird. Nimm dir Zeit, diese Linie bis zum vollen Tempo aufzubauen.

Beispiel 16b

Weitere Substitutionen sind in diesem nächsten 1/16.-Notenbeispiel ersichtlich, das mit einem Fmaj7-Arpeggio auf der 7. Position beginnt. Fmaj7 überlagert mit Dm7 erzeugt einen Dm9-Sound, so dass dies eine effektive Akkordsubstitution und ein Martino-Favorit ist. Es gibt eine chromatische Durchgangsnote, die auf der letzten 1/16.-Note von Beat 2 im ersten Takt und wieder auf Beat 3 im gleichen Takt verwendet wird.

Martino verwendet solche Passagen, um sicherzustellen, dass seine Linien eine gewisse chromatische „Farbe" haben, und um ihm auch zu helfen, auf Akkordtönen auf den stärkeren Beats in jedem Takt zu landen. In Takt zwei wird die G Bebop Dominant-Skala wiederverwendet.

Beispiel 16c

Beginnend mit einem kurzen Emin7-Arpeggio auf Beat 1 im ersten Takt, zeigt dieser geschäftige Lick eine komplexere Verwendung von chromatischen Durchgangsnoten. Durchgangsnoten werden geschickt eingesetzt, um die Töne eines G-Dur-Dreiklangs zu erfassen. Takt zwei verwendet einen hoch chromatischen Skalenaufstieg bis zu einer hohen D-Note auf dem 10. Bund auf der oberen E-Saite, bevor er mit einem bluesigen Doppelgriff im letzten Takt endet.

Stelle bei diesen langen 1/16tel-Notenlinien sicher, dass du die Phrasierung nicht überstürzt und das Tempo konstant hältst. Möglicherweise musst du auch an deiner Picking-Technik arbeiten, um sie auf das volle Tempo zu bringen.

Beispiel 16d

Der letzte Pat Martino-Lick ist voll von den Techniken der früheren Beispiele und beginnt mit einem doppelten chromatischen Ansatz (zwei aufeinanderfolgende Halbtöne), der zum b7 des Dm9-Akkords absteigt. Takt eins hat mehrere chromatische Durchgangsnoten vor der diatonischeren Melodie am Anfang von Takt zwei. Die chromatischen Noten kehren mit dem letzten Beat von Takt zwei wieder zurück und setzen sich bis zum letzten Takt fort, was der gesamten Linie einen Hard-Bop-Jazz-Geschmack verleiht, der dem klassischen Martino entspricht.

Wenn du längere Linien wie diese lernst, zerlege sie in kleinere Abschnitte, anstatt zu versuchen, sie alle auf einmal zu lernen. Möglicherweise musst du deine Skalengriffe leicht anpassen, um eine flüssige Handhabung bei der Verwendung mehrerer Durchgangsnoten zu erreichen.

Beispiel 16e

17. Larry Carlton

Larry Eugene Carlton wurde im März 1948 in Torrance, Kalifornien, geboren. Im Alter von 6 Jahren begann er mit dem Gitarrenstudium und interessierte sich bald für Jazz, nachdem er sich mit legendären Gitarristen wie Joe Pass, Barney Kessel und Wes Montgomery beschäftigte. Er wurde auch von der Musik und dem Blues-Gitarrenspiel von B.B. King angezogen. Er besuchte das Junior College und das Long Beach State College, während er professionell in Clubs in und um Los Angeles spielte.

Carltons schnell wachsende Spielkompetenz und sein Hintergrund in Jazz und Rock/Pop-Musik machten ihn zu einem aufstrebenden Star in der Los Angeles-Session-Szene der 1970er Jahre. Schließlich spielte er bei Hunderten von Aufnahmesessions und Filmsoundtracks und war bei Pop-, Jazz-, Rock- und sogar Country-Record-Dates gleichermaßen zu Hause, was ihn zu einem sehr gefragten Studiogitarristen machte. Seine Arbeit mit Steely Dan und mit Joni Mitchell erhielt viel Lob und sein legendäres Solo auf *Kid Charlemagne* von Steely Dan gilt laut *Rolling Stone* Magazine als eines der am besten aufgenommenen Gitarrensoli aller Zeiten. Er arbeitete mit praktisch allen großen Plattenproduzenten der 1970er und 80er Jahre zusammen und seine musikalische Vielseitigkeit ließ ihn auf über 100 Goldenen Schallplatten erscheinen.

Neben seiner Session-Arbeit hat Carlton auch eine lange Solokarriere hinter sich, die mit seinem Debütalbum *With A Little Help From My Friends* von 1968 begann. Mitte der 70er Jahre baute er ein Heimstudio auf und nannte es Room 335 nach der Gibson ES-335 Modellgitarre, die er viele Jahre lang als sein Hauptinstrument gespielt hatte. Er hat die meisten seiner Alben im Room 335 aufgenommen und eine seiner bekanntesten Kompositionen ist auch nach dem Studio benannt. Carlton produzierte von 1978 bis 1984 sechs Soloalben und hatte mit seiner Version von Santo Farinas Track *Sleepwalk* einige beachtliche kommerzielle Erfolge. Er war auch Mitglied der Jazz-Fusionsgruppe The Crusaders und erhielt 1981 von der beliebten US-Fernsehserie *Hill Street Blues* einen Grammy Award für die beste Pop-Instrumentalperformance für das Thema. Carlton produzierte 1986 auch ein Live-Album namens *Last Nite*.

1988, als seine Solokarriere stark voranschritt, wurde er von einem Teenager vor dem Room 335 Studio in den Hals geschossen und erlitt Nerven- und Stimmbandverletzungen, was die Fertigstellung des Albums *On Solid Ground*, an dem er damals arbeitete, verzögerte. Sein linker Arm war gelähmt und sechs Monate lang konnte er nicht richtig spielen. Glücklicherweise hat er sich nach diesem Vorfall erholt und hat weitere Soloalben aufgenommen und unter anderem mit der Gruppe *Fourplay* zusammengearbeitet.

In den letzten Jahren arbeitete Carlton mit den anderen Studiogitarristen Lee Ritenour und Steve Lukather zusammen und erhielt auch den Auftrag, Musik für den thailändischen König Bhumibol Adulyadej zum Geburtstag zu komponieren. Zu den weiteren musikalischen Auszeichnungen von Carltons gehören 1987 ein Grammy Award für die beste Pop-Instrumental-Performance für *Minute by Minute* und weitere Grammy Awards für das beste Pop-Instrumental-Album *No Substitutions: 2001 live* in *Osaka* und 2010 als bestes Pop-Instrumental-Album, *Take Your Pick*.

Carltons unverwechselbarer Spielstil kombiniert Bebop-Jazz-Linien mit einem fast Pedal-Steel-ähnlichen Bendingansatz. Sein Einsatz von gemischten Dreiklängen in seinen Soli steht im Gegensatz zu vielen der eher maßstabsorientierten Spieler seiner Generation. Als einfallsreicher, melodischer und sehr ausdrucksstarker Solist haben viele Künstler seinen ausgeprägten Spielstil genutzt, um ihre Musik zu ergänzen.

Carlton ist wahrscheinlich am bekanntesten für seinen Einsatz einer Gibson ES-335 Gitarre von 1969. Tatsächlich erhielt er den Spitznamen „Mr. 335" für die Verwendung dieses Instruments, das in den 1970er und 1980er Jahren zu einem wichtigen Bestandteil der Studiogitarrenszene in LA wurde. Andere Gitarren, die er besaß und spielte, sind eine 1951 Fender Telecaster, eine 1964 Fender Stratocaster und eine 1955 Gibson Les Paul Special.

Als Verstärker hat er einen Fender Vibrolux und Princeton verwendet, aber sein Standard-Setup beinhaltet im Allgemeinen einen Dumble-Verstärker, der von dem legendären Amp-Designer Howard Dumble hergestellt wurde. Carlton verwendet in seinem Spiel sparsam Effekte, aber etwas Delay und Reverb auf seinem charakteristischen Gitarrensound.

Empfohlenes Audiomaterial

Larry Carlton

Last Nite

The Royal Scam (Steely Dan)

Beispiel 17a beginnt mit einer G-Dur-Pentatoniklinie in der 5. Position und arbeitet sich mit zwei Positionsslides auf der D- und G-Saite bis zur 10. Position nach oben. In Takt zwei ziehst du die B-Saite einen ganzen Schritt bis zum 12. Bund hoch, dann spielst du mit dem vierten Finger die hohe D-Note auf der oberen E-Saite am 10. Bund.

Ziehe und lasse dann in Takt drei die B-Saite los, wie am 10. Bund angegeben. An 8. Stelle folgt eine kurze pentatonische Phrase. Die typische Carlton-Phrase in Takt vier betont die 3. des darunter liegenden D7-Akkords, und der Lick endet mit der kleinen Terz von Cm7, um die Tonänderung in Takt fünf hervorzuheben.

Um den Carlton-Sound zu erhalten, verwende einen leicht übersteuerten Gitarrensound, um etwas Sustain zu geben und vielleicht etwas Kompression hinzuzufügen.

Beispiel 17a

Beginnend mit einer 1/16-Noten-Pickup-Phrase in der 5. Position, spielst du den Halbtonbend auf der hohen E-Saite in Takt eins und stellst sicher, dass du am Anfang von Takt zwei auf der B-Saite zum 7. Bund auf der B-Saite gelangst und fügst der Note Vibrato hinzu. Larry Carlton verwendet oft diese einfach klingenden Bends und Melodien, um die Akkordwechsel darzustellen. Beachte, wie er Akkordtöne am Anfang jedes Taktes verwendet.

In der fünften Position verwendet der Lick den A-Dorischen-Modus für die Takte drei und vier, wobei die Akkordtöne wieder auf den ersten Schlag jedes Taktes fallen. Achte besonders auf das Timing des 1/4-Noten-Triplet bei den Schlägen 3 und 4 in Takt 4.

Beispiel 17b

Beginnend mit einer kurzen 1/8-Noten-Einleitungsmelodie, ist Beispiel 17c der klassische Larry Carlton, der mit hochpräzisen Saitenbiegungen die Harmonie umreißt. Bende in Takt drei einen Ganztonschritt auf der hohen E-Saite nach oben und gib der Note ihre volle rhythmische Dauer, bevor du sie wieder nach unten loslässt. In Takt drei achte auf den Halbtonbend und versuche, jede der Saiten ineinander übergehen zu lassen – ein wesentliches Merkmal von Carltons Stil.

Die kurze Melodie und der Halbtonbend in Takt fünf zeigt, wie geschickt Carlton mit Tonartänderungen umgeht. Beziehe dich auf das Audiomaterial, um das richtige Timing für diese letzte Phrase zu erhalten.

Beispiel 17c

Es gibt mehr Halbtonbends in diesem blues-inspirierten Lick, der den A-Dorischen-Modus für die Skalenpassagen verwendet. Der Lick beginnt mit einem Bending in hoher Stimmlage am 15. Bund. In Takt zwei gibt es einen Skalenabstieg nach unten im A-Dorischen-Modus. Beachte, wie Carlton regelmäßig lange Bendings und einfach klingende Skalenpassagen mischt, um seinen charakteristischen melodischen Klang zu erzeugen.

In Takt vier gibt es zwei 1/4-Noten-Triolen vor dem letzten langen Bending in Takt fünf. Stelle sicher, dass du diesem Bending seine volle rhythmische Dauer gibst, bevor du die letzte Note auf dem 8. Bund, B-Saite spielst und etwas Vibrato hinzugibst. Vermeide es, dieses Beispiel zu überstürzen, und halte dein Timing gleichmäßig und präzise.

Beispiel 17d

Der letzte exemplarische Lick beginnt mit einem 1/16-Noten-Intro in die gehaltene D-Note am 10. Bund auf der oberen E-Saite. Stelle sicher, dass du hier etwas Vibrato hinzufügst, um der Note eine Gesangsqualität zu verleihen. Das Erreichen dieser vokalen Qualität ist ein weiteres großes Merkmal von Carltons Spiel. Weitere Saitenbends folgen dem Übergang in Takt zwei. Achte auf den Halbtonbend, der auf die Septime des Am7-Akkords bei Beat 1 in Takt drei abzielt.

Der A-Dorische-Modus wird erneut für die Skalenpassagen im Rest von Takt drei und auch im Takt vier verwendet, bevor der Lick mit der kleinen Septime und der kleinen Terz von Cm7 endet, was die Tonartänderung zu Bb-Dur markiert.

Beispiel 17e

18. John Scofield

John Scofield wurde am 26. Dezember 1951 in Dayton, Ohio, geboren und wuchs im ländlichen Connecticut auf. Ursprünglich inspiriert von Blues- und Rockspielern, begann Scofield mit dem Gitarrespielen, als er 11 Jahre alt war, und sein Interesse an Musik entwickelte sich während seiner High School-Jahre weiter, bis er sich 1970 entschied, sich am Berklee College of Music in Boston einzuschreiben. Während des Studiums in Berklee fing Scofield an, sich einen Namen zu machen, indem er lokal im Raum Boston spielte, und als er das College verließ, nahm er mit Gerry Mulligan und Chet Baker auf.

Scofield tourte und nahm dann zwei Jahre lang mit dem Fusion-Drummer Billy Cobham und dem Keyboarder George Duke auf und arbeitete mit Gary Burton und Charles Mingus zusammen. 1976 unterschrieb Scofield bei Enja Records und veröffentlichte im folgenden Jahr sein erstes Soloalbum mit dem Titel *John Scofield*. 1978 nahm er das wegweisende Album *Rough House* mit dem Pianisten Hal Galper auf und arbeitete mit Galper wieder auf dem Album *Ivory Forest* zusammen.

Scofield gründete 1979 mit dem Schlagzeuger Adam Nussbaum und dem Bassisten Steve Swallow ein neues Trio und arbeitete 1982 mit dem legendären Jazz-Trompeter Miles Davis zusammen. Er spielte mit Davis auf den Alben *Star People*, *Decoy* und *You're Under Arrest* und tourte mit ihm etwas mehr als dreieinhalb Jahre lang – einmal teilte er die Gitarrenparts mit Mike Stern. Nachdem er die Davis-Band verlassen hatte, baute Scofield auf der Bekanntheit auf, die er als Mitglied der Trompetergruppe gewonnen hatte, und veröffentlichte Mitte der 80er Jahre zwei weitere Soloalben, *Electric Outlet* und *Still Warm*. Beide Alben trugen dazu bei, seinen Status in der Jazz-Welt zu festigen.

1987 veröffentlichte Scofield das erste von drei Alben mit der kraftvollen Rhythmusgruppe von Dennis Chambers und Gary Grainger. Die Band, die mehrere verschiedene Keyboarder hatte, nahm die Alben *Blue Matter*, *Loud Jazz* und *Pick Hits Live* auf und tourte ausgiebig. Scofield fand auch Zeit, sich mit seinem Gitarristenkollegen Bill Frisell in Marc Johnsons Gruppe Bass Desires zusammenzuschließen.

Anfang der 90er Jahre gründete Scofield ein neues Quartett und unterschrieb bei Blue Note Records, um die Zusammenarbeit mit dem Saxophonisten Joe Lovano aufzunehmen. Er nahm 1990 *Time on My Hands* mit Lovano, Bassist Charlie Haden und Schlagzeuger Jack DeJohnette auf. Die Gruppe ersetzte DeJohnette durch Bill Stewart am Schlagzeug und nahm weitere zwei Alben auf, bevor Scofield das Album *Grace Under Pressure* veröffentlichte und sich erneut mit Bill Frisell zusammenschloss. 1994 setzte Scofield seine Zusammenarbeit mit anderen Gitarristen fort, als er *I Can See Your House From Here* mit Pat Metheny aufnahm.

Scofield hat sich für seine nächste Gruppe mit dem Organisten Larry Goldings und dem Bassisten Dennis Irwin zusammengetan und die Alben *Hand Jive* und *Groove Elation* veröffentlicht, die beide kritisch gut aufgenommen wurden. 1997 arbeitete er auch mit dem Avantgarde-Trio Medeski, Martin und Wood zusammen und produzierte das *A Go Go Go* Album.

Scofield begann Anfang der 2000er Jahre mit modernen Drum'n'Bass-Rhythmen zu experimentieren und veröffentlichte *Überjam* 2002 und *Up All Night* 2004. Ebenfalls 2004 veröffentlichte er *EnRoute: John Scofield Trio Live*, eine Trio-Aufnahme mit Steve Swallow am Bass und Bill Stewart am Schlagzeug. Es folgte ein Tributalbum mit Musik von Ray Charles mit dem Titel *That's What I Say: John Scofield Plays the Music of Ray Charles*.

Ein zweites Album mit Medeski, Martin und Wood wurde 2006 veröffentlicht und 2010 nahm er das Album *54* auf. Scofields Aufnahmeproduktion wurde mit dem Album *A Moment's Peace* (veröffentlicht 2011) fortgesetzt, auf dem Larry Goldings zusammen mit dem Bassisten Scott Colley und dem Schlagzeuger Brian Blade gespielt wurden.

Neben seiner Konzerttätigkeit und der Aufnahmearbeit war Scofield auch in der Jazzausbildung tätig, zuletzt als Gastprofessor an der Jazzabteilung der Steinhardt School of Education in New York.

Scofield's Spielstil ist sofort mit einem unverwechselbaren melodischen Vokabular erkennbar, das oft durch seine charakteristische Verwendung von dissonanten Intervallen und kantigen Melodien unterbrochen wird. Wie Pat Metheny wird auch Scofields Solostil von anderen Musikern sehr geschätzt und er hat sich zu einem der Spieler mit dem individuellsten Sound der modernen Ära entwickelt.

Scofield verwendet und befürwortet hauptsächlich Ibanez-Gitarren und hat ein Signature-Modell, die JSM100. Diese Gitarre ist auf der Grundlage seiner langjährigen Bühnen- und Aufnahmegitarre, einer 1981er Ibanez AS200, konzipiert. Er verwendet eine Vielzahl von Effektpedalen, darunter eine Pro Co Rat Distortion, sowie verschiedene Modulations- und Delay-Geräte. Für Verstärker bevorzugt er im Allgemeinen eine Vox AC 30 oder eine Mesa Boogie Combo und benutzte auch Sundown Verstärker zu Beginn seiner Karriere.

Empfohlenes Audiomaterial

Rough House

Time on my Hands

A Go Go

John Scofield hat einen sofort erkennbaren Stil als Solist, mit einem einzigartigen Ansatz für Notenwahl, Phrasierung und Dynamik. Dieses erste Beispiel (gespielt über die Eröffnungstakte der Akkordsequenz, die als „Rhythm Changes" bekannt ist) zeigt, wie er einen bluesbasierten Ansatz verfolgen und ihm ein frisches und originelles Makeover verleihen kann. Beachte die Verwendung von Off-Beat-Rhythmen in den ersten beiden Takten und auch die kleinen Blues-Bends, die er häufig einsetzt (siehe Beats 2 und 3 in Takt drei).

Synkopierte Rhythmen sind ein Merkmal von Takt vier, die 1/4-Noten, 1/8-Noten und Triolen mischen, bevor der Lick mit einem klassischen Bluesmittel endet: dem Hämmern auf die große Terz des B-Dur-Akkords. Achten darauf, dass du dich auf das Audio beziehst, um die verschiedenen Rhythmen genau wiederzugeben. Füge deinem Gitarrensound leichten Overdrive hinzu, sowie einen leichten Chorus-Effekt.

Beispiel 18a

Dieses nächste Beispiel bleibt bei einem bluesbasierten Ansatz für „Rhythm Changes", aber mit dem Hinzufügen einiger chromatischer Durchgangsnoten (in Takt eins und zwei, auf Beats 3 und 2). Wie im vorherigen Beispiel sind Off-Beat-Rhythmen ein Merkmal des Eröffnungstaktes bevor in Takt zwei weitere synkopierte Rhythmen erscheinen, die Achtel-, 1/4- und 1/16-Noten-Rhythmen mischen. In Takt vier ist ein weiterer von Scofields bevorzugten kleinen Blues-Bends, vor der Einführung des dissonant klingenden Sekunden-Intervalls auf Takt 2 von Beat vier.

Scofield verwendet in seinem Spiel häufig kleine Intervall-Phrasen und dies ist eines seiner charakteristischen Solo-Mittel. Der Lick endet mit einem weiteren großen Sekunden-Intervall im Up-Beat von Beat 2 im letzten Takt. Die Verwendung eines leichten Overdrive mit dem gewählten Steg-Pickup (und vielleicht mit etwas abgesenkter Tonregelung) wird diesen Intervallen einen zusätzlichen Biss verleihen.

Beispiel 18b

Du musst ein wenig vorsichtig mit den Rhythmen in den ersten beiden Takten dieses nächsten Beispiels sein und es eventuell sorgfältig auf dem Audio anhören. Obwohl die geschriebene Tonhöhe gleich aussieht (beim Übergang von Takt eins auf Takt zwei), verwendet dieses Motiv die Technik, den gleichen Ton auf zwei verschiedenen Saiten zu spielen. Takt drei ist eine typische Blues-Phrase, die mit einem wiederholten Hammer-On vom 6. bis 7. Bund auf der G-Saite (Beat 2) endet.

Takt vier hat eine Mischung aus Rhythmen und du musst besonders vorsichtig sein mit dem Timing der letzten beiden Triolen auf den Schlägen 3 und 4, bevor du die Linie beendest, indem du die letzte Note in den ersten Beat des letzten Taktes hältst.

Beispiel 18c

Dieses nächste Beispiel greift mehrere der Solo-Ansätze der vorherigen Licks auf und beinhaltet wiederum die rhythmische Synkopierung und die Verwendung kleiner dissonanter Intervalle. Achte auf die schnellen Hammer-On-Figuren bei Schlag 4 von Takt eins und Schlag 1 von Takt zwei. Die kniffligste Phrase in diesem Lick beginnt mit dem Up-Beat von Beat 3 in Takt zwei und geht weiter, bis die gebundene Note in den letzten Takt führt. Diese Linie ist einfacher zu spielen, als es auf dem Papier aussieht, also nimm dir Zeit und studiere den Sound sorgfältig, um die Rhythmen genau richtig zu spielen.

Der Lick endet mit der Verwendung von Sekunden-Intervallen (Takt vier, Schläge 2, 3 und 4). Das Timing ist hier entscheidend, wenn also die schriftliche Notation schwer zu entschlüsseln scheint, höre mehrmals das Audio an, um zu hören, wie es klingen soll.

Beispiel 18d

Scofield verwendet in seinem Spiel oft bestimmte Intervalle als melodisches Motiv, wobei die Septime ein besonderer Favorit ist. Dieser letzte Lick beginnt mit einem Septim-Intervall, das vom 7. Bund auf der D-Saite bis zum 8. Bund auf der B-Saite (die leicht gebendet ist) gespielt wird. In Takt zwei wird eine Doppelgriff-Figur leicht scharf gebendet, um einen bluesigen Touch zu erzeugen, bevor die synkopierten Rhythmen auf den Up-Beat von Beat 2 zurückkehren.

Achte in Takt drei auf die Viertelnoten-Triolen über die letzten beiden Schläge und stelle sicher, dass du sie gleichmäßig verteilst. Der letzte Takt verwendet einen gewöhnlichen Blues- oder RnB-Stil Blues-Lick und endet auf der b7- Tonstufe des F7-Akkords.

Beispiel 18e

19. Mike Stern

Mike Stern wurde am 10. Januar 1953 in Boston, Massachusetts, geboren und interessierte sich erst als Teenager, der in Washington D.C. aufwuchs, für Gitarre. Sterns frühe musikalische Einflüsse waren hauptsächlich Rock- und Bluesgitarristen, aber später zog es ihn immer mehr in die Harmonie und Melodik des Jazz. Sein Interesse am Jazzstudium entwickelte sich bis zu einem Punkt, an dem er später in seine Heimat Boston zurückkehrte, um das prestigeträchtige Berklee College of Music zu besuchen. Während seines Studiums in Berklee zog Sterns Gitarrenspiel bald die Aufmerksamkeit anderer gleichgesinnter Jazzmusiker auf sich und er begann regelmäßig in der lokalen Bostoner Jazzszene zu performen.

Seine erste bedeutende Karriereunterbrechung erfolgte, als ihm (angeblich von Pat Metheny) empfohlen wurde, für die 70er Jahre Rockgruppe Blood Sweat and Tears vorzuspielen, und nachdem er die Audition erfolgreich bestanden hatte, begann er mit der Band auf Tour zu gehen. Stern nahm zwei Alben mit BST auf und spielte zwei Jahre lang mit ihnen, bevor er 1979 schließlich zu Drummer Billy Cobhams Hochenergie-Fusionsgruppe Glass Menagerie kam. Er blieb bei Cobham bis Anfang 1981, als er dem legendären Trompeter Miles Davis als Gitarrist für Davis' neue Band empfohlen wurde. Stern spielte Anfang der 1980er Jahre drei Jahre lang mit Davis zusammen und nahm zwei Studioalben auf, *The Man with the Horn* und *Star People* sowie die viel beachtete Live-Aufnahme *We Want Miles*.

Nachdem er Davis' Band verlassen hatte, spielte Stern mit dem ehemaligen Weather Report Bassisten Jaco Pastorius in seiner Word of Mouth Gruppe und nach einer kurzen Rehabilitationsphase, um sich von Drogen- und Alkoholproblemen zu befreien, kehrte er für ein weiteres Jahr zu Miles Davis zurück.

Stern nahm 1985 sein erstes Soloalbum *Neesh* für das Japanese Trio-Label auf, und ein Jahr später erschien sein erstes Atlantic Records Jazz-Fusion-Album *Upside Downside* mit allgemein positiven Kritiken seitens der Musikpresse. Sterns wachsende kompositorische Fähigkeiten sowie seine herausragenden Improvisationsfähigkeiten zogen in den 1980er Jahren eine treue Fangemeinde für ihn an, und seine Karriere ging weiterhin aufwärts. Nach einer kurzen Zeit der Zusammenarbeit mit dem Altsaxophonisten David Sanborn im Jahr 1986 und einigen Tourneen mit der Gruppe Steps Ahead (mit dem Tenorsaxophonisten Michael Brecker) schloss sich Stern mit Brecker als Teil der eigenen Gruppe des Tenors zusammen und tourte mit großem Erfolg.

Stern veröffentlichte in den späten 1980er und frühen 1990er Jahren weiterhin Soloalben im Jazz-Fusionsstil und gründete außerdem eine Tourneeband mit dem Tenorsaxophonisten Bob Berg. 1992 wurde er gebeten, in der reformierten Gruppe der Brecker Brothers zu spielen, wiederum zusammen mit Michael Brecker. Stern nahm 1992 auch ein Album mit Jazzstandards mit dem Titel *Standards and Other Songs* auf, das sein Bebop-Spiel mit großer Wirkung präsentierte und von der Kritik gut aufgenommen wurde.

Anfang der 2000er Jahre hatte Stern begonnen, die Verwendung von Gesang auf seinen Soloaufnahmen zu erforschen, und nachdem er Atlantic Records verlassen hatte, um bei ESC Records zu unterschreiben, setzte er sein Muster der Veröffentlichung von Soloaufnahmen fort, während er immer noch mit anderen Jazz- und Fusionskünstlern aufnahm und spielte, darunter The Yellowjackets 2008.

2014 nahm Stern mit dem texanischen Gitarristen Eric Johnson in einer sehr erfolgreichen Zusammenarbeit auf und tourte mit ihm. Stern erlitt im Sommer 2016 einen schweren Karriererückschlag, als er bei einem Sturz schwer verletzt wurde, aber trotz einiger schwerer Verletzungen ist er wieder in die Live-Performance zurückgekehrt, allerdings mit einer modifizierten Spieltechnik, die ihm hilft, seine jüngsten Verletzungen zu überwinden. Stern wurde für sein Gitarrenspiel und seine Studioaufnahmen mehrfach für Preise nominiert und ausgezeichnet und hat bisher 17 Soloalben veröffentlicht.

Mike Stern spielte zu Beginn seiner Karriere sowohl eine Fender Stratocaster als auch eine Telecaster, wobei das Telecaster-Modell für viele Jahre seine bevorzugte Gitarre wurde. Für die meiste Zeit der 1980er und 1990er Jahre verwendete er einen hybriden Telecaster, der von Michael Aronson gebaut wurde, basierend auf einem früheren Instrument, das ihm gestohlen wurde. Stern spielt seit kurzem eine Yamaha PA1511MS Mike Stern Modell-Gitarre, die auf der Aronson-Gitarre basiert. Für die Verstärkung verwendet Stern ein Stereo-Setup mit einer alten Yamaha SPX90 und mehreren Boss-Pedalen, die über Doppelverstärker (normalerweise Fender 65 Twin Reverbs) gespielt werden.

Sterns Spielstil ist eine raffinierte Verschmelzung von Bebop-Jazz-Vokabular und oft recht roh klingenden Blues / Rock-Linien. Dieser Ansatz, der von einigen Kritikern als „Bop'n'Roll" bezeichnet wird, kombiniert lange Passagen im Bebop-Stil mit traditionellen Rock / Blues-Bends und Vibrato. Stern verwendet auch Improvisationsmittel und harmonische Ansätze, die eher mit Hornisten und Jazzpianisten als mit Gitarristen in Verbindung gebracht werden.

Empfohlenes Audiomaterial

Play

Upside Downside

Standards (and other songs)

We Want Miles (Miles Davis)

Mike Stern verwendet in seinen Soli viele Blues-Phrasen und pentatonische Muster. Dieser erste Lick verwendet durchgehend die C Blues Skala. Ausgehend von einer klassischen kleinen Terz bei Beat 1 von Takt 1, trägt die schnelle 1/16-Triole auf Beat 4 zum Blues-Feeling bei, indem es die b5 der Skala in einer schnellen Hammer-On/Pull-Off-Sequenz zeigt. Der Lick endet mit einer einfachen Blues-Skala-Melodie in Takt drei, bevor er auf den Grundton des Cm7-Akkords auf dem Down-Beat von Takt vier endet. Höre dir das Audio an, wenn die geschriebenen Rhythmen etwas abschreckend aussehen und du wirst bald hören, wie das Beispiel klingen soll.

Stern verwendet einen Stereogitarrensound mit einem SPX90 Pitch Shifter und zwei Verstärkern für seinen Haupt-Sound, aber man kann seinen Sound für diese Beispiele mit einem Chorus-Effekt einigermaßen gut nachahmen.

Beispiel 19a

Beispiel 19b ist weit entfernt von der Einfachheit des vorherigen Beispiels und zeigt die Fähigkeit von Stern, mehrere tonale Zentren über einen einzigen Akkord zu legen. In Takt eins wird das gezeigt, was Jazzmusiker als „Coltrane Changes" bezeichnen – eine harmonische Sequenz, die der Saxophonist John Coltrane in den späten 1950er Jahren populär machte. Die kantig klingende Sequenz besteht aus mehreren Dreiklängen / 7-Akkord-Arpeggios, die sich von Es-Dur auf Beat 1 über F#7, B7 zu einem viertönigen Motiv auf D-Dur auf Beat 4 bewegen.

Dieser Ansatz setzt sich mit einem G-Dur-Arpeggio auf Beat 1 von Takt zwei fort, bevor ein Ebmaj7-Arpeggio über die Taktlinie zwischen dem zweiten und dritten Takt eingesetzt wird. Nimm dir die Zeit, diesen Lick zu lernen, denn es kann eine Weile dauern, bis deine Ohren einen Teil der Dissonanzen absorbieren, die dieser Art von Fusion-Jazz-Linien innewohnen.

Beispiel 19b

Wie Pat Martino spielt Mike Stern in seinen Soli oft lange Passagen mit 1/16tel-Noten und Beispiel 19c ist stilistisch ähnlich wie Martinos Ansatz. Zwei chromatische Durchgangsnoten werden auf den Schlägen 1 und 3 des ersten Taktes verwendet und die restlichen Noten werden aus dem C-Äolischen Modus gezogen – einem Stern-Favoriten für tonale Mollakkorde.

Takt zwei beginnt mit einem 1/16-Triolen-Hammer-On/Pull-Off, bevor es mit der äolischen Skala weitergeht. Der Lick endet, indem er auf der kleinen Terz und b7-Tonstufe des Cm7-Akkords abzielt. Stern verwendet für diese Art von langer melodischer Linie meist Wechselschlag, so dass das Üben der Picking-Technik sicherlich helfen wird, dieses Beispiel zu beherrschen.

Beispiel 19c

Beispiel 19d basiert fast ausschließlich auf Arpeggios – einem weiteren beliebten Improvisationswerkzeug von Stern. Beginnend mit einem Bb-Dreiklang, der mit einem Ab-Dreiklang in Takt eins abwechselt, steigt die Linie ein langes Ebmaj7-Arpeggio hinab. Achte darauf, dass du die richtigen Rhythmen in Takt eins spielst, da sie leicht verwirrend sein können.

Die Linie schließt mit einem kurzen Intervallmotiv auf dem letzten Takt von Beat zwei, bevor sie auf dem Grundton und b7 des darunter liegenden Cm7-Akkords endet.

Beispiel 19d

Das letzte Beispiel ist ein weiterer Lick, der von Pat Martino hätte gespielt werden können und fast ausschließlich 1/16tel-Noten enthält. Es gibt eine kurze Skalensequenz, die auf der C-Melodischen Moll-Skala auf den Schlägen 1 und 2 des ersten Taktes basiert, bevor einige chromatische Durchgangsnoten hinzugefügt werden, die die Linie bis zur schnellen 1/16-Triole am Anfang des zweiten Taktes führen.

Die Linie verwendet dann den C-Äolischen Modus, bevor sie auf der 4./11. des Cm7-Akkords in Takt drei landet. Stern mischt in seinen Soli oft Skalentypen, um verschiedene Texturen auf demselben Akkord zu erzeugen, und dieser Lick ist ein gutes Beispiel dafür, wie man das erreichen kann, ohne dass es komisch klingt.

Beispiel 19e

20. Pat Metheny

Patrick Bruce Metheny wurde am 12. August 1954 in Lee's Summit, Missouri, in einer bereits musikalischen Familie geboren. Methenys Vater spielte Trompete (wie sein Bruder) und seine Mutter war Sängerin. Nachdem Metheny zunächst von seinem Bruder Trompete gelernt hatte, wurde er zunehmend von der Gitarre angezogen. Inspiriert von einer Beatles-Performance im Fernsehen, erhielt Metheny 1964 seine erste Gitarre. Er war insbesondere von der Spielweise von Wes Montgomery und anderen Jazzkünstlern fasziniert, und schon bald trat er regelmäßig in seiner Umgebung auf und übte kontinuierlich zu Hause.

Nachdem Metheny im Alter von nur 15 Jahren ein Stipendium des *Down* Beat-Magazins gewonnen hatte, besuchte er ein Sommercamp mit dem Gitarristen Attila Zoller und erregte anschließend die Aufmerksamkeit des Dekans der University of Miami, der ihm ein Stipendium an der Universität anbot. Metheny, der bereits als ein Wunderkind galt, unterrichtete bald Gitarre, zuerst in Florida und dann am Berklee College of Music in Boston.

Metheny debütierte 1974 auf einem Album mit dem Pianisten Paul Bley, dem Bassisten Jaco Pastorius und dem Schlagzeuger Bruce Ditmas, das für das Label Improvising Artists entstand. Metheny kam dann 1975 in die Band von Vibraphonist Gary Burton und spielte zusammen mit seinem Gitarrenkollegen Mick Goodrick. Im folgenden Jahr veröffentlichte Metheny sein offizielles Debütalbum *Bright Size Life* auf dem ECM-Label, wiederum mit Jaco Pastorius am Bass. Metheny blieb mehrere Jahre lang bei ECM.

Metheny gründete dann die Pat Metheny Group, zusammen mit der langjährigen Mitarbeiterin, der Pianistin Lyle Mays. Die Gruppe veröffentlichte in den nächsten Jahren mehrere Alben, und ihre zweite Aufnahme, *American Garage*, stieg erfolgreich in die populären Musikcharts ein und erreichte Platz eins in den Billboard Jazz Charts. Eine Zusammenarbeit mit David Bowie Mitte der 80er Jahre bei *This is Not America* brachte Methenys Musik in die Top 40, sowohl in den USA als auch in Großbritannien.

Die Metheny-Gruppe veränderte sich in den folgenden Jahren durch mehrere Besetzungswechsel und nach der Veröffentlichung der Aufnahme *First Circle* verließ Metheny das ECM-Label und unterschrieb bei Geffen Records für das Album *Still Life (Talking)*. Trotz Solo- und Nebenprojekten hielt Metheny seine Hauptgruppe zusammen, obwohl er sich von der eher lateinamerikanischen Musik abwandte, um neue und vielfältige Instrumentierungs- und Kompositionsansätze zu integrieren.

Außerhalb der Pat Metheny Group hat der Gitarrist zahlreiche Alben aufgenommen, die andere Seiten seiner musikalischen Persönlichkeit zeigen, darunter *Secret Story* (sein Album von 1992 mit Orchesterarrangements), *The Falcon and the Snowman* (Filmmusik von 1985) und das avantgardistische *Zero Tolerance for Silence* (1994). Er hat auch mit vielen anderen Musikern aufgenommen, darunter Dave Holland, Brad Mehldau, Michael Brecker, Joni Mitchell, Ornette Coleman, Jim Hall, Bruce Hornsby und Bassist Marc Johnson, um nur einige zu nennen. Er hat auch mit seinem älteren Bruder Mike Metheny Alben aufgenommen, darunter *Day In - Night Out* (1986) und *Close Enough for Love* (2001).

Im Jahr 2012 gründete er die Unity Band mit Antonio Sánchez am Schlagzeug, Ben Williams am Bass und Chris Potter am Saxophon. Diese Gruppe tourte durch Europa und die USA und Metheny kündigte 2013 die Gründung der Pat Metheny Unity Group an, ergänzt durch den italienischen Multi-Instrumentalisten Giulio Carmassi.

Metheny hat unzählige Auszeichnungen für seine Musik und sein Spiel erhalten, darunter 20 Grammy Awards in zehn verschiedenen Kategorien.

Metheny ist ein fließender und hochinnovativer Solist mit einem sofort erkennbaren Vokabular und hat sich zu einer der Jazzgrößen der Moderne entwickelt. Mit kompositorischen Fähigkeiten, die so ausgeprägt sind wie sein Spiel, ist er einer der meist verehrten (und imitierten) modernen Jazzgitarristen. Sein charakteristischer Gitarrensound wird auch von zeitgenössischen Spielern viel imitiert.

Methenys Wahl des Instruments hängt stark von dem Projekt ab, an dem er beteiligt ist, obwohl er im Allgemeinen seine Ibanez PM Signature-Modell-Gitarre bevorzugt. Zu Beginn seiner Karriere verwendete er eine naturbelassene Gibson ES-175, bevor er sie Mitte der 90er Jahre an die Wand hing. Er hat auch einige sehr ungewöhnliche Instrumente benutzt, die speziell für ihn entworfen wurden, darunter eine speziell angefertigte 42-saitige Pikasso-Gitarre. Metheny ist auch einer der bekanntesten Anwender des Gitarrensynthesizers, insbesondere des Roland GR300. Neben seinen elektrischen Instrumenten verwendet er regelmäßig sechs- und zwölfsaitige Akustikgitarren.

Metheny verwendete viele Jahre lang einen Acoustic 134 Verstärker, bevor er zu anderen Marken wie Digitech und Ashly wechselte. Er verwendet auch Effektgeräte wie das digitale Delay Lexicon Prime Time als integralen Bestandteil seines Signalwegs.

Empfohlenes Audiomaterial

Bright Size Life

Question and Answer (Pat Metheny/Dave Holland/Roy Haynes)

Still Life Talking (Pat Metheny Group)

Pat Metheny ist ein Meister der rhythmischen Phrasierung über Taktlinien hinweg. Obwohl dieser Lick auf dem Papier einfach aussieht, ist es wichtig, den Rhythmus konstant zu halten. Der Lick beginnt mit einem einfachen pentatonischen Muster in c-Moll, das chromatisch durch den Dbmaj7-Akkord (in den Takten drei und vier) nach oben bewegt wird, bevor es sich zu c-Moll in Takt fünf auflöst. Solche Bewegungsmuster werden oft als „Side-Slipping" bezeichnet und sind eine effektive Möglichkeit, vorübergehend außerhalb der Tonart zu spielen.

Die dramatischen Einzel-Slides, wie Beat 3 von Takt sechs, sind ein charakteristisches Merkmal von Methenys Spiel, und er wird manchmal Doppelgriffe verwenden, wie die der ersten beiden Beats des letzten Taktes.

Beispiel 20a

Metheny verwendet in seinen Soli oft wiederholte melodische Muster mit großer Wirkung. Beispiel 20b verwendet das gleiche Muster von Beat 3 von Takt eins bis Takt drei. Achte darauf, dass du die mittleren beiden Noten in jeder dieser vierstimmigen Phrasen mit Pull-Off spielst, da dies hilft, Methenys Legato-Ansatz einzufangen.

Takt drei zeigt einen melodischen Ansatz im Bop-Stil mit einer chromatischen Durchgangsnote im Up-Beat von Beat 3, was einen Kontrast zu früheren repetitiven Mustern darstellt. Der Bop-Ansatz setzt sich in Takt vier fort, bevor die Linie mit einem einfachen pentatonischen Motiv in c-Moll ergänzt wird.

Beispiel 20b

Beispiel 20c erweitert das Konzept des „Side-Slipping" stark und verwendet durchgängig ein Griffmuster. Das Muster wird chromatisch auf dem Griffbrett auf dem gleichen Saitensatz (G-, B- und E-Saiten) nach oben bewegt. In Takt eins beginnt das Muster mit der Ausrichtung auf die 5., b3, 9. und den Grundton des c-Moll-Akkords. Dann steigt er einen Bund nach dem anderen an, bis zu den letzten beiden Beats des Taktes vier. Du wirst an manchen Stellen mit diesem Lick viel Dissonanz hören, aber das ist beabsichtigt, um Spannung zu erzeugen.

Die letzte Note des Licks (die hohe D-Note im 10. Bund) ist dazu da, die vorherige harmonische Spannung freizusetzen (es ist die 9. des c-Moll-Akkords). Die Verwendung solcher chromatischen aufsteigenden Muster kann im Solo spannend sein, aber sie müssen behutsam eingesetzt werden. Spiele sie immer mit einem klaren Rhythmus, sonst kann es schnell so klingen, als würdest du falsche Noten spielen. Das Auflösen auf einen Akkordton, nachdem du etwas Side-Slipping verwendet hast, ist ein kluger Zug.

Beispiel 20c

Obwohl das nächste Beispiel aus einfachen diatonischen Skalen aufgebaut ist, zeigt es, wie Metheny ein melodisches Solo mit klaren Rhythmen und einer soliden Phrasierung erzeugt. Die ersten beiden Takte verwenden nur Noten der c-Moll-Pentatonik, aber die rhythmische Anordnung der Noten macht den Unterschied. Anstatt mit dem Schlag 1 von Takt 1 zu beginnen, beginnt die Linie mit dem Schlag 3 und beinhaltet eine gebundene Note über die Taktlinie in Takt 2. Im dritten Takt werden nur drei Noten verwendet, um den Akkordwechsel zu Dbmaj7 zu markieren. Beachte die beiden rhythmischen Beat-Lücken, bevor der Lick in Takt vier wieder aufgenommen wird.

In Takt fünf wird die c-Moll-Pentatonik wieder mit einfachen, aber wirkungsvollen abwechselnden 1/4- und 1/8-Noten-Rhythmen verwendet, bevor der Lick mit zwei 1/4-Noten auf Takt sieben abgeschlossen wird. Diese Art von einfacher, aber starker Phrasierung macht eine Linie wirklich rhythmisch interessant. Metheny verwendet diesen Ansatz häufig in seinen Soli, besonders bei schnelleren Tempi.

Beispiel 20d

Das letzte Pat Metheny Beispiel beginnt mit zwei Takten der Stille, bevor etwas passiert. Bei mittleren bis schnellen Tempi kann dies ein nützliches Mittel sein. Du kannst deinem Solo Zeit geben, sich zu entwickeln, ohne ständig zu spielen. Der Eingang bei Takt drei über dem Dbmaj7-Akkord ist umso dramatischer, nachdem zwei Takte der Stille stattgefunden haben.

Die Linie endet mit zwei typischen Metheny-Fingerslides – zuerst zur hohen B-Note auf der B-Saite (11. Bund) und der C-Note auf der gleichen Saite am 13. Bund. Es gibt hier nichts besonders Anspruchsvolles, aber versuche, deinen Rhythmus konstant zu halten und sei nicht versucht, die Phrasen in diesem Lick zu überstürzen.

Beispiel 20e

Beispiel Jazzgitarren-Solo 1

Dieses Beispiel-Solo wird über eine I VI II V Akkordfolge in C-Dur gespielt und enthält vier Licks aus dem Buch. Die Sequenz I VI II V ist in der Jazzmusik alltäglich und findet sich in Tausenden von Jazzstandards wieder. Der Aufbau eines soliden Vokabulars über diese Folge (vorzugsweise in allen Tonarten) gilt als wichtige Grundlage für jeden angehenden Jazzmusiker.

Das Solo beginnt mit dem ersten Lick aus dem Joe Pass-Kapitel (Beispiel 9a) und zeigt mehrere klassische Bebop-Moves, wie z.B. die Annäherungs-Noten zur Dekoration der Quinte und des Grundton des Cmaj7-Akkords in Takt eins, bis hin zur Verwendung des b9-Intervalls gegen den G7-Akkord in Takt fünf. Fast jeder Jazzmusiker würde alterierte Spannungstöne (b5, #5, b9 oder #9) über die Akkorde VI7 und V7 verwenden, wie hier zu sehen ist. Diese alterierten Spannungstöne können einzeln oder in Kombination mit anderen gespielt werden.

Der zweite Lick verbindet sich effektiv mit dem ersten und ist Beispiel 6a aus dem Wes Montgomery Kapitel. Dieser Lick sorgt für eine willkommene Veränderung der rhythmischen Struktur gegenüber der ersten 4 Takte und die Verwendung der 1/4-Noten-Triolen hilft, dem Solo ein entspanntes „behind the beat"-Feeling zu geben. Längere Triolen-Rhythmen wie diese werden von Solisten oft verwendet, um einen Kontrast zu den häufigen 1/8- und 1/16-Notenläufen vieler Jazz-Soli zu schaffen.

Spieler wie Wes Montgomery arrangierten ihre Soli häufig mit Akkordarbeit und Einzelpassagen. Der dritte vorgestellte Lick in diesem Beispiel-Solo verwendet ein solches Akkordsolo, das aus Beispiel 9c im Joe Pass Kapitel entnommen wurde. Die Verwendung solcher Akkordphrasen kann wirklich helfen, einem Jazz-Solo Abwechslung zu verleihen und harmonische Klarheit zu schaffen. Achte darauf, diese Akkorde nicht zu überstürzen, wenn du sie spielst – du solltest vielleicht üben, von einzelnen Noten zu Akkorden zu wechseln, um dich an diesen Ansatz zu gewöhnen. Es wird nach einer Weile zur zweiten Natur werden und ist eine nützliche Fähigkeit, die es auf der Gitarre zu entwickeln lohnt.

Ein weiterer Joe Pass Lick beendet dieses Beispiel-Solo (Beispiel 9e) und verwendet im Gegensatz zum ersten Lick fast ausschließlich 1/16tel-Noten. Dies wird manchmal als Double Time-Spielen in Jazzkreisen bezeichnet und kann sich bei musikalischer Anwendung dramatisch anhören. Pat Martino ist ein Experte im Spielen von langen double-time 1/16tel-Notenlinien, wie natürlich auch Joe Pass. Achte auf die Griffweise, die erforderlich ist, um die Ganztonmuster in Takt eins zu spielen, und achte darauf, dass du die 1/16tel-Noten in diesem langen Abschnitt nicht überstürzt.

Beispiel 21a

Beispiel Jazzgitarren-Solo 2

Jazz-Soli werden nicht immer über mehrere Akkordwechsel gespielt, und viele bekannte Jazzkompositionen verfügen über Solo-Sektionen mit einem einzigen Akkord. Dies wird manchmal als „Ein-Akkord-Vamp" bezeichnet. Dieses zweite Beispiel-Solo hat nur einen Akkord (Cm9) zu berücksichtigen und bietet dem Solisten daher viel Freiheit in Bezug auf seinen improvisatorischen Ansatz.

Das Solo beginnt mit Beispiel 19a (abzüglich der Pickup-Note) aus dem Kapitel Mike Stern und dient als einfache, aber melodisch effektive Art des Beginns. Die bluesige Natur dieses Licks ist für das Publikum leicht zugänglich und viele Jazz-Soli über statische Akkordvamps beginnen mit bluesbasierten Phrasen wie dieser. Denke daran, deine Zeit konstant zu halten und folge den Hammer-On/Pull-Off-Anweisungen auf Schlag 4 des ersten Taktes.

Lick zwei beginnt bei Takt fünf und ist ein Grant Green Lick (Beispiel 12b), das 1/16tel-Note Triolen mit ausgefallenen 1/8tel-Noten kombiniert. Die Verwendung wiederholter rhythmischer und melodischer Motive wie diesem ist ein gängiger Ansatz bei Einzelakkordvamps. Das in den Takten sechs und sieben verwendete Ebmaj7-Arpeggio ist eine Akkordsubstitution, die häufig auf einen Cm7-Akkord angewendet wird, und ist daher in diesem Zusammenhang besonders effektiv.

Die lange 1/16tel-Notenlinie, die bei Takt neun beginnt, stammt wiederum aus dem Kapitel Mike Stern (Beispiel 19c). Sie ist ein großartiges Beispiel dafür, wie man Durchgangsnoten in einer ansonsten diatonischen Skalenlinie verwenden kann, um einem Solo eine chromatische Spannung zu verleihen. Stern ist ein Meister dieser Art von veredelter 1/16tel-Notenlinie, die über einen einzigen Akkord gespielt wird. Achte auf die kleinen Positionsverschiebungen in diesem Lick. Lerne es, indem du es zunächst in kleinere Abschnitte zerlegst.

Das Solo endet mit einem weiteren Grant Green Lick (Beispiel 12a) und der Schwerpunkt liegt hier auf 1/8-Ton-Triolen. Dieser Lick wird meist auf der 8. Position gespielt, aber achte auf die Passage, die mit Beat 3 von Takt eins beginnt - die Triolen hier sind in 4 statt 3 gruppiert. Hör dir das Audio an, um diesen rhythmischen Effekt zu hören. Die Verwendung verschiedener rhythmischer Gruppierungen ist ein weiteres nützliches Werkzeug für den Solisten, besonders in solchen Situationen mit einzelnen Akkorden.

Beispiel 21b

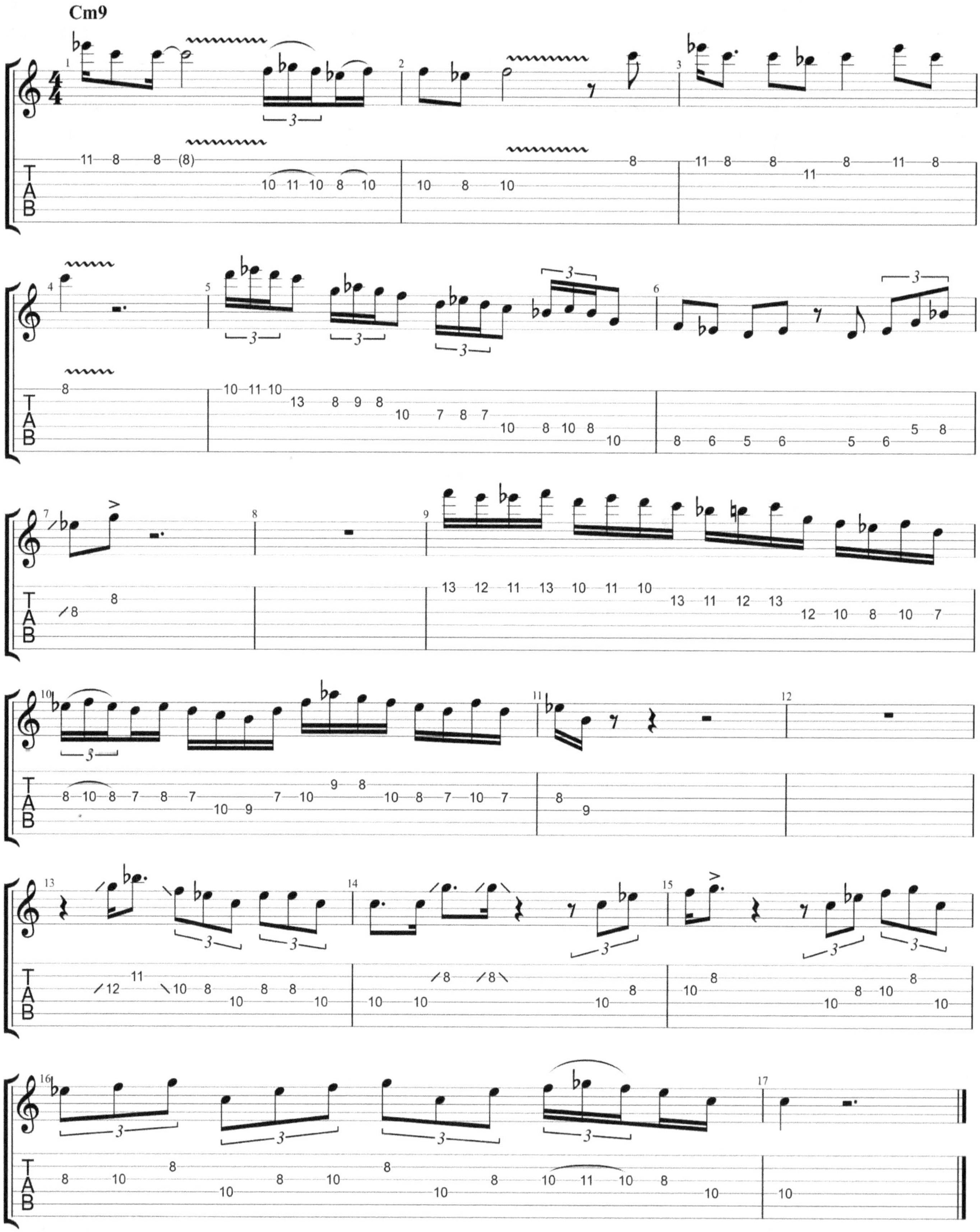

Fazit

Nun, da haben wir es! 100 fantastische Licks im Stil der größten Jazzgitarristen der Welt. Wir hoffen, dass dir die Reise gefallen hat und du über die nächsten Jahre in dieses Buch eintauchen wirst.

Wie wir in der Einleitung erwähnt haben, wirst du das Beste aus diesem Buch herausholen, indem du jeden Lick zu deinem eigenen machst. Es ist zwar wertvoll, den Stil der Musiker, die du liebst, zu kopieren, aber du wirst wirklich davon profitieren, jeden Lick so zu gestalten, dass er zu deiner eigenen individuellen Stimme passt.

Experimentiere, indem du den Rhythmus, die Phrasierung, die Artikulation und die Geschwindigkeit jeder Phrase änderst, um sie an deine musikalische Persönlichkeit anzupassen. So entwickelt sich die Sprache und so erschaffst du deine eigene, einzigartige Stimme auf dem Instrument. Ein einziger Lick kann dir stundenlang kreatives Vergnügen im Proberaum bereiten.

Die beste Vorgehensweise ist es, diese Licks mit einer Jam-Gruppe, live oder in einem Proberaum zu spielen. Die Gitarre fühlt sich anders an, wenn man sich vom Komfort seiner Backing-Tracks entfernt.

Ich bin stolz darauf, dass Fundamental Changes inzwischen über 100 Gitarrenmethoden veröffentlicht hat und einige dieser Titel dir helfen werden, deine eigene Sprache zu entwickeln und zu personalisieren.

Mein Buch Blues-Gitarre: Melodische Phrasierung wirft einen detaillierten Blick darauf, wie man das musikalische Gefühl erlernen kann. Ich fragte einmal einen Lehrer, wie ein berühmter Gitarrist so spielte, wie er es tat. Er sagte mir: „Er fühlt es einfach." Nun, vielleicht war das wahr, aber es war eine nutzlose Antwort eines Lehrers! Ich machte mich daran, das musikalische Gefühl in eine präzise Reihe von Ideen und Fähigkeiten zu zerlegen, und diese Studie führte zu **Blues-Gitarre: Melodische Phrasierung**. Alles darin ist auch auf die Jazzgitarre anwendbar.

Einige der theoretischen Ideen in diesem Buch können für dich neu sein. Ich versuche, die Theorie auf ein Minimum zu beschränken und mich auf die Musik zu konzentrieren. Zwei Bücher, die ich geschrieben habe, um die praktische Anwendung der Theorie zu zeigen, sind Guitar Scales in Context *(dt. Gitarrenskalen im Kontext)* und The Practical Guide to Modern Theory for Guitarists *(dt. Moderne Musiktheorie für Gitarristen)*.

Beide Bücher sind äußerst praxisorientiert und helfen wirklich bei der täglichen, musikalischen Anwendung der Theorie.

Wenn du eine solide technische Entwicklung anstrebst, ist Simon Pratts Buch Guitar Finger Gym ein großartiger Leitfaden für die meisten Aspekte der Gitarrentechnik, und mein Buch Complete Technique for Modern Guitar *(dt. Moderne Technik für E-Gitarre)* ist auch ein guter Begleitband.

Vor allem aber viel Spaß beim Lernen der Musik, die du liebst. Wenn du nicht lächelst, machst du es falsch!

Joseph

Über Pete Sklaroff

Pete Sklaroff ist ein freiberuflicher Gitarrist, Autor, Lehrer und Studiomusiker mit über 30 Jahren Berufserfahrung in der Musikindustrie. Er ist auch ehemaliger Assistant Head of Music und Head of Jazz Studies am Leeds College of Music in Großbritannien.

Pete unterrichtet erfolgreich online Gitarre und hat im Laufe der Jahre Hunderte von Gitarristen unterrichtet. Er ist ein langjähriger Mitarbeiter von Fundamental Changes, nimmt viele der Audiobeispiele für die erfolgreichen Gitarrenpublikationen auf und ist ein gefragter Studiomusiker.

Pete kann über seine Website kontaktiert werden: www.petesklaroff.com

Andere Jazz-Bücher von Fundamental Changes

Für weitere Studien des Jazz' und um mehr Ideen zu bekommen, wie du diese Licks verwenden kannst, sieh dir die folgenden Bücher von Fundamental Changes an (alle Titel auch auf Deutsch erschienen).

- Beyond Chord Melody with Martin Taylor

- Chord Tone Soloing for Jazz Guitar

- Fundamental Changes in Jazz Guitar

- Minor ii V Mastery (dt. Moll ii V meistern für Gitarre)

- Voice Leading Jazz Guitar (dt. Stimmführung auf der Jazzgitarre)

- Bebop Jazz Blues Guitar

- Jazz Blues Soloing for Guitar

Andere Lick-Bücher von Fundamental Changes

100 Classic Rock Licks for Guitar

100 Classic Blues Licks for Guitar

www.ingramcontent.com/pod-product-compliance
Lightning Source LLC
Chambersburg PA
CBHW081429090426
42740CB00017B/3238